伶姬作品集

如來世 2

生活隨想

伶姬 著

楊序

楊子敬（簽名）
前任刑事警察局局長
現任潤泰集團安全總顧問

如來世，如來的世界

「如來世」是本冊的書名。「如來」是作者筆中的「祂們」、「老天爺」，可能是一般人心目中的聖母瑪麗亞、觀世音菩薩，或是佛陀、耶穌，或者是摩西、媽祖，或許是阿拉眞主、土地公……等等。總而言之，就是引導世間人踏上「爲善」之道的「聖者」。而作者，只是「祂們」最忠實的傳話者——即席翻譯機器。

因爲「祂們」存在於作者所謂的「另一時空」，或一般人所稱之「靈界」，或許祂們的「磁波」跟世間人稍有不同，所以必須藉著「通靈人」，才能將祂們的相關訊息——指點迷津暨解惑之道，傳遞給世間人。

據了解，作者並無熱中的宗教信仰，而常提「祂們」只是代表這些「聖者」的象徵性統稱。作者認爲，如來的世界就是衆多「聖者」共容的另一個「大同世界」，是惟善至上的「淨」界。隨之，作者的因果理念也跨越任何的宗教。

所以，研讀作者著作的讀者，並沒有侷限在某些特定宗教的信徒。

所以，作者在美國所舉辦的座談會，連「ㄚ度仔」也報名來參加！

如來世，如來的世界，一個「靈異」的世界。一個世間人很陌生的遙遠「時空」。正如作者說的，每個通靈人所形容的靈界，似乎就像是「瞎子摸象」，各說各的。

「靈異」的世界，是否眞的存在？長久以來，一直沒有具體且科學化的根據可稽。

縱然不知道如來的世界，我們也能過活；認識如來的世界，我們照樣得辛苦過日子，所以，作者勸大家千萬不可執著，不要迷信，應該活在當下，遵守現世時空的「法、理、情」，爲自己所作所爲的一切負責，這才是最重要的人生修行課題。

如來世，如果有來世

假如有來世，假如「因果輪迴轉世」是眞的，我，前一世的「因」是如何？這一世的「果」到底是還債？討債？或是既還債又討債……。至於下一世的「我」，又因爲這一世所種下的「因」，會帶給「我」自己什麼樣的「果」報呢？

假使眞的有「因果輪迴轉世」，爲了在未來世得善「果」，日子可以過得心安理得，那麼在這一世裡，一言一行、一舉一動，都必須要時時用心、處處留意。盡可能的多播種善「因」，絕不留下惡「因」，遺憾後世！

如果有來世，人人爲了來世，今世就得兢兢業業經營——「學習」與「服務」。生命原來有因有果，生生世世的歷程就是學習與服務。

學習：「多做——該做的事，遠離——不該做的事。」

服務：「走到眞正需要幫助的地方，服務眞正需要幫助的人事物。」

當大家學會了、也做到了毫無期待地付出與服務，那就是「行善」！就是「修行」！那不就營造一片極樂世界——如來的世界。

善哉！善哉！

祝福各位

二〇〇五年三月飄雪夜

附記：我對宗教並沒有深入的研究與了解，本篇序文純屬個人的見解。

目次

媽媽經／27

親子經／61

動腦想一想／125

學習得來的

那個時候，我是高二的學生，有一天下課的時候，同學們互相鬧來鬧去的好不快樂，突然有人冒出了一句話：「在家裡，我從來就沒有摺過一件衣服，都是我媽媽幫我摺得好好的，放在我的衣櫃裡。」一旁的我，當場愣住了，根本就無法想像這是怎麼一回事。

媽媽的調教

我小的時候，爸爸在台北自來水廠上班，家裡開布店，媽媽光是照顧我們六個小蘿蔔頭就忙得不亦樂乎，於是只好拜託兩、三個親戚幫忙招呼客人，而洗衣服、煮飯的工作就分別由其他兩位婦人負責。雖然是如此，但是女孩子該會的事，我們卻一點也逃不掉。記得最清楚的就是，只要是電視上出現了「傅培梅時間」，媽媽從來就不管我們在做什麼事，一定要我們乖乖的盯著電視看。別人家是看書第一，我們家是看烹飪第一。所以，我不見得會做菜，但是，基本的原則，卻略知一二。

除了開布店之外，家裡闢了一個空間讓兩個師傅爲客人做衣服，師傅手藝很好，一般衣服就不用說了，做起西裝、西褲更是一流。趁著做完功課，我總是喜歡賴在師傅身邊，問東問西的。另外爸爸還在書房挪出一個角落讓二姑姑爲客人織毛衣，不是手打的，是用機器織的。所以小時候的我是在一大堆布、毛線中長大的。後來，布店頂給了親戚，但是，包括我爸爸在內，全家大大小小都已經學會了使用縫衣機。當我結婚的時候，我好希望有人會送我一架縫衣機，結果，大姑姑圓了我的夢。

反正，只要是「新的行爲」，也就是說，他們沒有敎過我們的，媽媽總是要我們在一旁專心看著，甚至於要我們當場示範一下。例如，如何把又厚又重又大的棉被裝進棉被套裡，不光是裝進去就了事了，還必須四個角、四周圍都處理得好好的。洗衣服的時候，她要我們記得把口袋翻出來，把角落裡的髒東西清一清，把領口刷乾淨。大清掃時，如何從天花板開始，然後由上而下，最後才是刷洗地板。種花、種菜的時候，她要我們分辨植物的成熟度。

揀菜、洗菜、煮菜的時候，她也一邊告訴我們，做這些事情的時候，該注意些什麼重點。不只是這些而已，她還要我們學會用鉤針鉤些桌墊或小動物、學打毛衣、學十字繡、學會如何燙好衣服、學做蛋糕、學做年糕、學包粽子……。

媽媽非常在意我們的學習態度，一點也不准我們馬虎混過。她不是天生就會這麼多的，她也是在結婚之後，一點一滴慢慢學來的，有些還是現學現賣。在我讀初一的時候，正在流行大圓裙，她為我做了一件無領無袖粉紅底印有大紅花的夏季洋裝。有一天下午放學回家時，她把這件薄薄的大圓裙洋裝拿給我：「衣服我已經做好了，但是下襬還沒有縫，既然是妳的衣服，妳就自己練習縫縫看。」她拿起了針線，教我縫了五、六針，「剩下的，妳就自己縫。」

各位，再生疏的針法，被她這麼一逼，如果還是學不來，那也只好認了。布是薄紗型的，而那個下襬有多長您知道嗎？還好啦！大概兩公尺半的長度而已。我記得很清楚，我拿了一把矮凳坐在院子，從四點左右縫到快七點。夏日的夕陽也傻傻的陪著我學習。

我記得最清楚的一句話：「離開座位，記得要把椅子收好。」為什麼？因為媽媽很怕地震，她以為萬一在半夜發生地震，倉皇中還被椅子給絆倒，那實在是有夠冤枉的了。所以我也學她，在深夜中，把家中的燈火統統關掉（那時候，住在三峽的山中，到了夜晚，屋外是一片漆黑），然後讓孩子們試著看看是否能夠在黑暗中從他們各自的位置，快速地、安全地到達大門口。

相信嗎？早在二十幾年前，我就已經去學過專業的美髮了，幫好多的親戚剪過頭髮、燙過頭髮，還曾經帶著所有的道具遠征台北，爲我可愛的外婆「熱燙」她的銀髮。這個又是媽媽的另一項傑作，她認爲只要是時間、金錢允許，就應該盡量學習各種技能，學歷是學歷，技能是技能，這兩者之間並不能用等號連結。

至於哪時候才有機會用得到這些本事，一點都不重要。

高中畢業那年，媽媽就逼我要學會英文打字，所以現在市面上流行的「無蝦米中文輸入法」對我來說根本就不難，只要背一些字根，再多敲幾下鍵盤就行了。民國六十七年冬天的時候，她要我和大妹一起去學開車考駕照，每天大清早五點多，姊妹兩人就得縮著脖子頂著寒風出門，趕著到敎練場叫老師起床上六點鐘的第一堂課，上完駕駛課再趕著去上班。結果這張駕照在抽屜裡躺了十八年，直到民國八十三年，我才有機會第一次帶著它上路。

說到做到的爸爸

爸爸比較不一樣，在日常的生活中，他是個一板一眼又相當節省的人，能夠走路的就不坐公車，能夠坐公車的就不坐計程車，但該付出的、值得付出的，卻從來就不曾省過。他是屬於那種「說到做到」的人，這一點我也學來了，我也一直在努力學著做個有信用的人。

小學三年級的時候，爸爸對我說，如果我考了全班第一名，他就買一架風琴送給我。結果，他很守信用，那一架風琴比一般小學裡用的風琴還大很多，我還記得那個牌子是「天鵝牌」。等到我考上了北一女，他遵守諾言，在民國五十九年的時候，買了一架西德原裝的直立式鋼琴，定價十二萬，鋼琴是連琴帶木箱地運到我家之後才拆箱的。

但是，他如此花大錢實踐他的諾言，卻忘了一件小事，從小到大，他從來就沒有讓我去學彈琴，因爲他絕對是個「功課至上」的家長，凡是課外書籍一律不准看。別的才藝就更別談了，於是乎，我只好自己對著琴摸索。結婚的時候，鋼琴也跟著我一起嫁了，到了民國七十七年大女兒開始學琴的時候，這架鋼琴才眞正派上用場，又是一個十八年過去了。

爸爸不會強迫我們在一旁學習，但是被媽媽調教過的我們，自然而然的，對那些我們所不熟悉的事物，就會去注意爸爸的動作細節。譬如，爸爸就很會把一些很複雜的資料，用表格化給清清楚楚地表達出來，並且加以分析比較，變成一目了然很容易讓看的人進入狀況的報表，這一招，早被我們偷偷學來了。他也很會拿起工具自己動手修理身邊的東西，或做些他心中想要完成的東西，例如把兩支又老又舊的拖把改裝成一支可用的拖把（他眞的是非常節省，最常說的一句話就是——「能省就省」），或是趁著流行，自己動手用縫衣機把寬領帶改成窄領帶等等。

這一招的傳承可就累了，因爲結婚之後，每次搬家我總得準備兩個大抽屜才能裝得下我家共有的工具，如鋸子、鐵鎚、鉗子、螺絲起子、釘子、螺絲、繩子等等，至於基本的文書工具，例如剪刀、釘書機、美工刀、漿糊等等，對不起，一定是家中的每一個成員各有一組。

長時間被如此這般的訓練，基本的家務事還難不倒我，在我結婚的前一兩個月，每天晚上我都還得用手洗全家八個人的衣服，沒辦法，因爲洗衣機壞了好些時候，白天我要上班，只好晚上洗。我還曾經心血來潮，自己花錢動手做公共樓梯的紗窗，結果是，社區一致仿效，只不過是由廠商集體製作，費用由社區的共有基金支出，這點我倒是失算了。最佳的紀錄是我買了一大桶的油性水泥漆、甲苯，還有捲筒型的油漆刷，從公寓的頂樓一直往下油漆，漆到一樓，結果是，不怎麼樣啦，我昏倒在一樓的階梯下而已。我傻到只知道讓牆壁乾淨、漂亮一點，卻不知道甲苯含有劇毒。

有沒有人想到，我的功課又是如何呢？不瞞各位，初中時我讀的是「台北市立女子初級中學」（今日金華國中的前身），高中讀的是「北一女中」，在當時，都是第一志願。這兩所學校不只是注重學科的成績，連術科還有團體的合作成績，都要求得很嚴格，真正實施五育並重的教學方式。真虧老天爺相助，兩個學校要交給父母簽名的成績單上，都沒有排名次，也沒有分什麼前段班、後段班的，所以我的中學生涯過得好快樂。

初中時，我參加樂隊，高中時，我還是北一女儀隊的一員呢（在那個時候，我只要把一年級上學期念好，就有資格參加樂隊、儀隊）。至於我的學科功課到底好不好，爸爸媽媽無從得知。每學期末當我把成績單拿給爸爸簽名時，他最常說的一句話就是：「我看，把妳的術科例如美術、家事、體育、音樂這些成績拿掉，妳大概是全班的最後一名。」這話倒是被他說中了，可是我哪敢承認。直到大學聯考，我考上了東吳大學，真相終於大白，我的聯考成績是全班倒數第四，全班光是考上台大、政大、師大三所學校的就有四十多個。

爸媽教育我們的，很簡單，動動腦，動動手腳，不管是男孩還是女孩，只要有機會，就盡量學習，不要荒廢了時間，然後再從一再的學習過程當中，找出如何簡化過程，以便節省更多的時間。只要是應該做的又可以自己做的，就不要麻煩別人，盡可能學會不要去依賴別人。人，總是要先學會自立，才能齊家，才有多餘的時間服務社會，如果自己都照顧不了自己，豈能奢談其他。

眞的是很簡單，他們盡量以身教代替言教，至少我一直是這麼認爲的。所以我們不會害怕去面對陌生的事物，因爲我們隨時都抱著願意學習的態度，大人沒教的，我們就試著自己到處去找資料來做參考，或者去請教別人，請教專家，再不然就是自己摸索。

突然聽到有人長這麼大了，卻從來沒有摺過衣服，當場愣了一下，我很嚴肅的告訴自己：「將來我一定不准我的小孩這個樣子。」讀大二的時候，同學們問我對將來有什麼打算，意志很堅定的我，只有一個答案：「我不知道，但是只要有了小孩，我一定會自己帶小孩，我要教他們如何學會過生活，不要變成了別人的負擔。」

生活即是學習

等到我生了老大之後，媽媽卻說要幫我帶小孩，希望我再去上班。也許她是擔心我在家帶小孩變成了黃臉婆，也許她是希望我多賺點錢……總之，她就是希望我穿得漂漂亮亮的去上班。我很慎重的告訴她：

「媽！謝謝您！不過您有沒有想過，我是老大，又是嫁出去的女兒，您幫我帶了第一個小孩之後，那麼以後弟弟妹妹們的小孩，您要不要帶呢？對親家公親家母又該如何交代呢？您已經帶了六個了，夠了！我有本事生孩子，就該有本事養，怎麼能夠把責任再丟給您！出了事，誰負責呢？您可以在一旁教我，提供意見，但不需要親自替我帶小孩。就算是要請人帶，我也應該自己花錢請別人帶。更何況，如果我不自己帶，以後我又怎麼會教我自己的小孩如何教育下一代呢？」

從此，只要妹妹或弟媳婦生小孩，媽媽就會對著來訪的親家說一遍我說的那一段話。因此，她老人家一個孫子也沒有帶過，每天就快快樂樂的做她的糕點讓這些子孫們吃。

從小開始，生活上的點點滴滴，只要有機會，我都盡量教他們，要孩子們學會自己動動腦、動動手、動動腳。我非常明白「機會教育」的重要性。孩子們從兩歲多上幼稚園起，我就不會幫他們整理過一次書包，我只會抽查書包而已。

「想清楚，是你們自己忘了帶書本文具，不是我叫你們不要帶的。對不起！我不是老媽子，我不會替你們送到學校去的，反正被老師處罰的人，是你們，不是我。」

「所有的課業，不管是學科還是術科（例如家事、美勞等的作業），如果爸爸媽媽會的，我們可以教你們，但是絕不會替你們做。」

「書是爲你們自己讀的，不是爲父母讀的，因爲將來用得到的人是你們自己。」

「不會的功課，一定要問清楚，爸媽不會，那麼就問同學；同學不會，就問老師；如果老師不肯教，那你們回來告訴我，我會去找校長談的。」（其實我是個非常明理的家長，但是得理時，也不輕易饒人。）

話是這麼說，但是在這之前，我就必須一再的教他們如何整理書包整理抽屜、如何將複雜的課文挑出重點自己做筆記、如何自己洗內衣褲曬衣服燙衣服、如何使用電鍋、瓦斯爐、微波爐，動手做些簡單的菜飯餵飽自己等等。除了「教會」他們之外，同時還得告訴他們

「爲什麼要這麼做」的原因，往往知道了爲什麼之後，孩子們才會比較心甘情願接受大人們的要求。

孩子們逐漸長大了，對於小時候大人對他們的要求，如今他們往往會另有意見，互相討論之後，我們也慢慢學習彼此尊重對方的看法。不要一味的以爲這是孩子們在唱反調在頂嘴，大人應該高興孩子們終於長大了，也學會了表達他們自己的意見，而不是只會傻傻的接受別人的看法。

如果孩子們能夠想出比我們大人更佳的方法，這個時候不就是「教學相長」了！我告訴他們，如果經過努力而書讀不來，這不能怪他們，因爲聰明才智是父母生給他們的，但是如果是因爲不用功，那就是他們自己的責任了。老天爺是最公平的，每個人每一天都是二十四小時，如何有效的利用時間，就憑各人的本事了。

我的要求還不只是如此而已，我還會「強烈要求」孩子們「爲他人想一下」。如：

上完廁所，用過衛生紙後，如果發現廁所內的衛生紙快沒有了，那麼就該爲下一個人想一下，出來之後，就該「特地」拿一包新的衛生紙進去。

使用棉花棒時（其他所有的家用必需品，都是如此對待），發現棉花棒快用完了，那麼就得通知媽媽補貨，或者是寫在便條紙上，放在媽媽的桌上。

在我家，是先用不鏽鋼水壺燒開水，待涼了之後再倒入塑膠瓶裡讓人取用。如果取水喝的人，發現塑膠瓶裡的涼開水用完了，那麼就得「順手」清洗塑膠瓶，再從水壺倒些涼水進去。

如果這個時候，發現不鏽鋼水壺內的涼水也快沒有了，那麼就得「再順手」一下，將水裝滿，並且將它煮開、待涼。

這種種的「家規」爲的又是什麼呢？很簡單，沒什麼！只不過是讓孩子們從小就學會稍微「爲他人想一下」而已。生活的態度就是如此學習來的。

後來，不是後來，是最近的事，我才知道有很多孩子直到結婚了，還從來沒有洗過碗筷，從來沒有摺過一件衣服。在台灣的大街小巷上，我們也常常可以看到菲傭替小主人背書包的畫面。這些小工作，學起來、做起來都是非常簡單的，就算是眞的從來沒有做過，時候到了，逼急了，自然就乖乖學會了。

只是我個人以爲，在這之前，是否已經麻煩很多人了。如果會惜福也就罷了，但是往往就有很多人會認爲別人爲他做這些事是理所當然的。其實絕大多數是因爲父母捨不得讓子女做家務事，他們只是希望多留些時間給孩子，讓孩子們把書讀好就行了。

仔細想想，眞能什麼事都麻煩別人嗎？麻煩別人替我吃東西？麻煩別人替我睡覺？麻煩別人替我生病？乾脆麻煩別人替我喘氣活命吧！

人生的路很長很長，該想、該學、該做的，不是只有會讀書就可以統統解決，我個人以爲做個「活生生的人」學會過個「活生生的生活」，應該是更重要的！日子眞的是用來學習的，不是用來「混」的，如果現在可以解決的，就不要拖到「等一下」，如果今天可以解決的，那又何必等到明天呢？

封面摺口的相片，就是要告訴各位，我也曾經和各位一樣，老天爺並沒有給我任何的特權，或賜予我更佳的捷徑。今天的我之所以和各位不太一樣，也許只是因爲我很在乎並且很珍惜每天的二十四小時罷了。

我沒有一點點的不同，也是腳踏實地一步一步學習走過來的，就因爲是一步一步自己走過來的，所以我才更確信「學習」是沒有劃上句點的時候。學習得來的本事，不管它是好的行爲，或者是壞的行爲，都將永遠是屬於你的，任誰也偷不走，不騙你，就連轉世的時候，「祂們」也不敢動任何的手腳，能不小心謹愼嗎？

走過來的

當我剛認識「祂們」的時候，透過另一個通靈人，祂們一出場就罵我：「叫妳快點修，早點為人服務，妳總是不聽！」那時候，老三剛出生不久，我理直氣壯的回祂們一槍：「你們只會站在你們的立場，為什麼就不為我想一想，我有三個孩子，一個個都還這麼小，如果我不好好把他們拉拔長大，將來出了問題，我請問你們，這個因果你們哪一個肯為我承擔呢？到了下一世這個因果算誰的帳呢？」

一向為人所膜拜的祂們，一個個沉默不語誰也不敢吭聲。是啊！我只是很單純的以為，既然生下了孩子，當然就有義務養育他們、教育他們。這不是天經地義的事嗎？

先扮演好媽媽的角色

懷老大兩、三個月的時候，因爲同事中有人得了德國痲疹，先生二話不說就到公司自動爲我辦辭職手續。也難怪先生會這麼緊張，因爲我直到虛歲三十一歲才結婚，而我又很貪心的想要擁有四個孩子，所以整個故事就從這一刻開始。爲了親手帶大自己的孩子，我整整當了十六年多的專職媽媽，我不敢說我的教育成功，但是我敢說：「我竭盡所能的在扮演好媽媽這個角色。」

這些年來，老天爺從來就不曾因爲我是個通靈人而減輕我作爲一個母親所應該付出的一點點責任。沒有親眼看過的人，眞的很難相信我是這樣走過來的，看過的人，也只有一句話：「要學妳這樣做，實在是太強人所難了，誰叫妳是稀有動物！」（通靈時，說我是稀有動物，談到帶小孩，也說我是稀有動物，我知道了，原來我是被列入瀕臨絕種的稀有動物！）

很多媽媽生產過後，就忙著減肥，我倒是不用煩惱這個問題。一來，我哪有那個時間減肥。二來，為了照顧三個小孩，體力根本就不夠用，哪還需要減肥。三來，因為我懷孕的時候胖得不多（懷老大時只胖了十二公斤，懷老二時胖了十公斤，到了老三時，更慘，只胖了八公斤），我不會像一般的孕婦胃口大開，只是會想吃花生厚片而已，也不太會害喜，但是怕營養不夠，我還必須強迫自己多吃些炸排骨。我好擔心腹中的胎兒太小，醫生罵我：「體重增加那麼多有什麼用，只要小孩的發育一切正常就好，等妳生完之後，也不用花錢去減肥，妳在煩惱什麼？」老三落地，還好！三千五百公克。

小嬸到醫院來看我，我正好側睡，有腰身的身材，從背後她怎麼樣也認不出來這個剛生完小孩的大嫂。一般的職業婦女擔心產假過後，沒有適宜的衣服好穿，我卻為了生小孩帶小孩，根本就不敢買好的衣服，所有的衣服，只要方便我抱小孩、背小孩，只要不會引起小孩的過敏就行了。

懷老大七個月時，婆婆倒下來了（從此就成了植物人），我不但享受不到她老人家的「補胎」，還得回高雄，天天由小叔們用摩托車載來載去，醫院、婆家兩頭跑，哪裡顧得了什麼感染不感染的問題（婆婆出院之後，就由公公、小叔、小嬸們負責照顧）。懷老二八個多月時，婆婆過世，挺著一個大肚子的我，還是行禮如儀，害得遠從台北下來高雄送葬的娘家家人心疼不已。到了懷老三時，痲痹了，就像封面摺口的相片一樣，兵來將擋，水來土掩，要來當我的孩子，就請自求多福吧。

懷老三七個月時，醫生爲我做超音波檢查，告訴我第三胎還是個女的，當場我就做了決定，決定生產後就順便做結紮。那天晚上，我做了一個夢，夢到一個穿連身白衣的懷孕婦女，用她的大肚子對著我的大肚子頂了一下，留下了一句話：「我的孩子和妳換！」連續好多天，我拚命翻報紙，我好怕看到有懷孕的女人車禍或意外死亡。直到老三快滿周歲了，我才對人說起這件事，對方說：「妳實在是有夠笨了，白衣服的女人，不就是觀世音菩薩嗎？說不定還是送子觀音呢！」喔！是嗎？那我原來的那一個女兒哪裡去了呢？

南部的習俗是爲第一個女兒和第一個兒子做滿月，老大的滿月油飯是我自己到高雄煮的，因爲那個時候，婆婆已是個植物人了。老二還是個女的，因此不用回高雄慶祝滿月，但是我爲孩子抱不平，於是在台北訂做了很多份的小蛋糕，請先生的同事們吃。我滿心歡喜的迎接我的每一個孩子。這個老二還眞是很會湊熱鬧，出生的那一天，全醫院二十多個新生嬰兒，只有她一個是女的（男嬰裏藍色的被子，女嬰裏粉紅色的被子），隔著透明玻璃，一些老人家說著：「你看，這二十多個都是坐同一條船來轉世的，只有一個是不一樣的性別，那這一個女嬰一定就是船長。」

等到我生老三的那一天，我才剛生下兒子，大妹就來通知我，告訴我說我家的老二也住院了，同一家醫院，我生兒子又是長孫，住的是二等病房，她這個船長，急性腸炎，住的是特等病房。不是我讓她住特等的，只因為全醫院就只剩下這一間病房。於是我沾了她的福氣，一有空，就溜到她的病房裡休息。

生第一胎時就讓我開了眼界——胎位不正，媽媽建議我做剖腹生產，誰知道，當我即將生產的時候，主治大夫自己也挺個大肚子，根本就無法為我開刀接生。偏偏女兒又趕著要在預定剖腹的日子之前提早出來，於是乎，日子變了，醫生變了，連原本以為可以省掉的「陣痛」也都得照樣要承受。

一胎就夠了，就讓我學乖了，我很清楚的知道——「一切隨緣，強求不得。」（老大是剖腹生產，但是老二、老三卻都是自然生產，所以老大、老二差兩歲，老二、老三差一歲）其實怪也只能怪自己，在預定剖腹生產日的前兩天，我為了保持公共樓梯的清潔，挺著即將臨盆的大肚子，拿起掃帚、畚箕、拖把，把整個樓梯弄得乾乾淨淨。我只是想，坐月子的期間，我就沒有辦法打掃了（平時，我大概兩個星期打掃一次），好了，就這麼樣的一次「雞婆」，害得自己提早落紅生產。

雖然不能強求，但是我還是依照原定的計畫進行，什麼計畫呢？說來您也許很難相信，我有一個奇想：「如果孩子們都是在差不多的時節出生，那麼他們的衣服就可以一個傳一個，省掉很多的置裝費。怎麼說呢？小孩子長得快，差個半年身材就差很多了，而這段時期的衣服，又是奇貴無比，但是如果不太在乎的話，中性化的衣服，不管男孩女孩都可以穿。」

於是爲了省錢，爲了同樣的育兒經驗，我控制我的受孕期，希望孩子們都能夠在冬天出生。那麼當他們學爬行的時候，剛好是夏天，不會穿得很笨重；當他們學走路的時候，是冬天，跌倒了，也比較不會覺得痛。這個奇想，居然讓我如願了！三個小孩，連同做媽媽的，四個人中就有三個是摩羯座，異類的那一個，誰叫她爲了想當船長，提早了二十二天出來報到。

這個就不是公共樓梯的錯了，但是也差不了多少。我又想了，想說坐月子的時候可能會碰到過年，那麼我應該在生產前，提早做個居家大掃除，否則要照顧兩個小孩，又要坐月子，哪有工夫打掃呢？想到就做，忙了幾天之後，最後還剩下抽油煙機尚未處理。那一晚，廠商派人來拆下家裡的抽油煙機送廠維修，兩個鐘頭後，我的肚子開始有了異狀，羊水流了出來。不知哪來的靈感，我馬上翻開農民曆，查了一下，農民曆上清清楚楚記載著，當天的胎神在——「廚灶」。

（註：通靈之後，我家不放農民曆，因爲我的通靈服務全是依國曆在行事，所以，如果有人問我今天是農曆幾號？是不是好日子？對不起！我不知道。）

三次坐月子都是娘家的媽媽來爲我做的，但是從離開醫院的第一天開始，三個小孩都是我自己親手爲他們洗澡。雖然是不同的生產方式，但是那種彎下腰來爲小嬰兒洗澡的痠痛卻都是一樣，尤其是在洗完之後，將小嬰兒放在床上準備穿衣服時，每次總覺得我是把嬰兒「丟」到床上的。丟好之後，我整個人就跪了下來，眞的是用跪的，咬著牙含著淚水，靠在床沿爲嬰兒穿衣服。穿好衣服之後，又必須挺起身子，餵孩子吸母奶。媽媽不是不幫我的忙，只是我知道她的身體狀況，我根本不忍心也不敢讓她幫我的忙，所以我必須假裝很神勇。

三個孩子都是吃了幾個月的母奶再改吃牛奶的，爲此，我只好拚命猛喝鮮奶，現買現賣。那幾年的春節期間，如果您在飛機上或者是在火車上看到一個很自在、袒胸餵乳的婦人，那大概是我。想起來了，生老大坐月子的時候，媽媽聽說生化湯用米酒熬煮喝起來對母體更佳，於是就如法炮製。偏偏我是個很不會喝酒的人，媽媽又說了，酒精會蒸發掉，喝了不會醉，是啊！我是沒醉沒錯，不過吸母奶的小嬰兒卻醉了，睡了好幾個鐘頭。

喔！那段期間，紙尿布都是整箱整箱的買，而且還都是不同的尺寸；奶粉也是整箱整箱的叫貨；每天晚上總是有一大堆用過的奶瓶等著消毒……。喔！那段期間，住在公寓的五樓，沒有電梯，各位不妨想一想，我要出門去買菜的時候，三個小孩，該如何帶下樓呢？等到買好了菜，又該依什麼樣的順序，才能夠讓東西和人安全到達家裡呢？每年到了申報綜合所得稅的時候，我總要嘮叨好一陣子，到底是什麼樣的財經專業人員，居然會計算出撫養小孩的減免稅額，一年就只有幾萬塊錢而已，何況那個時候又沒有健保。

我是學會計的，算一算，如果三個小孩給保母帶，那麼我的薪水一定不夠付給保母，何苦呢？累就累吧！隨著時光的流逝，孩子也在一分一寸地長大。曾經有一晚，為了老二的教養問題與先生鬧意見，我離家出走，一個人到台北後火車站的旅館住了一夜。那一夜，徹夜難眠，第二天一早就趕回家中，從此之後我再也不敢離家出走了。

就那麼一夜，菩薩就大大的懲罰了我（那時候我尚未通靈）。先生獨自一人應付孩子們，又是洗澡又是穿衣又是消毒奶瓶，累壞了，哄著哄著，他自己和小孩都一起睡著了，而廚房裡的爐火上，正有一大鍋的奶瓶在消毒著……。老大搖醒了爸爸：「爸爸！我的鼻子很不舒服！」沒什麼大事啦！家中失火了而已。爐中的火還在跳躍，但是消毒用的鍋子、奶瓶早已化做飛塵似的黑灰，布滿了整個家。

當我踏進家門時，先生正拿著抹布到處在擦著，什麼話也沒說。整個家一片灰黑色，連窗簾也不例外。

「我不知道妳昨天晚上不在家，妳知道嗎？妳家昨天晚上……。」住在隔壁的大妹一看到我迫不及待地對我說。

「……我一衝進妳家，實在是受不了了，馬上又衝了出來，摀著一條濕毛巾才有辦法衝進臥室，把小孩子抱出來……。」妹婿也湊過來說話。

「我被老大的聲音給叫醒，張開眼睛，長這麼大，第一次知道什麼叫做——伸手不見五指。」事隔了好多天，先生才敢開口對我說。

這一次的災害，您可知道我損失了多少嗎？一個鋁鍋六支奶瓶六個奶嘴，外加一鍋水。眞的就只有這些，連抽油煙機、瓦斯爐、爐邊的紗窗等等，一丁點的損壞都沒有，但是屋內的黑灰，卻讓我整整打掃了好幾天。

比職業婦女還累

通靈之後，我只能趁著孩子們上課的時間為人服務。一大早，從土城送孩子們分別到板橋、萬華上課，回程順便買菜，然後趕在九點以前回到家，開始迎接當天的第一個客人。中午十二點休息到一點，這當中，通常是一碗泡麵加一個蛋或者是加一罐麵筋就解決了。下午一點又開始「接客」，直到三點，又趕著去接小孩子們下課。後來搬到三峽的山裡，早上準六點就必須開車出門，載著三個小孩還有兩個堂弟，經過北二高，然後永和、萬華、台北陸續放人，下午再一一「回收」。每天是摸黑出門，摸黑回家，那一部加長型的箱型車，又名「載豬仔車」。為了這種早出晚歸的日子，我還被當地的警察……。

我是這一個地區的新住戶，山中人口本來就稀少，又從來沒有看過一個女人家開這麼大的車子，而這輛車每天又都是透早就出門，透晚才回家。警察上門來了，找到了我的小嬸嬸（小叔叔家就住在我樓上，而白天我又不在家），問我的職業，我的身高，我的體重，問為什麼一個女人家要開這麼大的一部車子，每天幾點出門，幾點回家……。

小嬸嬸一五一十告訴這位管區員警：「我這個侄女有三個小孩，都在台北上課，我自己也有兩個小孩在永和就讀，我就託她一起載去上課。另外她的小孩都在學音樂，常常還要載倍低音提琴、大提琴的，所以如果沒有開加長型的箱型車，根本就載不下。」

我知道了之後，心想，眞有這麼認眞的員警嗎？這其中一定大有問題。一不做二不休，晚上八點，我自己開著車子直接到派出所「投案」，讓他們看個淸楚。員警支支吾吾地說了一些話，總結一句是——「例行檢查」。問題是，例行檢查也不用問到身高體重吧。我只好當場打了個電話給當時是刑事局局長的楊子敬先生，請他「關心」一下，請他證明我是個「良民」。

這位員警也只是對楊局長說：「只是例行檢查而已。」而楊局長也沒有洩漏我的身分。後來，和員警熟了之後，才知道——原來那個時候三峽地區有一個「箱型車之狼」。（雖然那時候白案已經結束，但是除了我自己的幾個親朋好友之外，很少人知道我曾經在白案裡扮演過一個角色。）

搬到了三峽，爲了「應客戶的要求」，我只好在孩子們的學校附近找一家咖啡店，跟老闆商量好，我每天來他的店裡吃早餐，從早上八點一直坐到中午十二點，事先用電話和我預約好的客人，就直接到這裡來找我。（我總不能又趕回三峽，再說我住的地方，交通非常不方便，一天就只有一班的公路局車子經過。）咖啡店的老闆當然很高興，因爲我爲他帶來了好多的客人，包括我自己也得額外多花一些錢，「不得不天天享受」一頓西式的早餐。

有人算命像我這麼傻的嗎？沒拿到錢沒拿到好處也就算了，居然還得倒貼。剛開始爲人服務時，我一直以爲別人來找我算命，是因爲我不收錢，但是先生點醒了我——如果妳算不準，就算免費，別人也不會來找妳的。

日子已過了十多年，當時的我是怎麼熬過來的，坦白說，我忘了！我早就忘了我是怎麼走過來的。只是通靈前、通靈後，我都沒有忘記也不敢忘記，一個「做媽媽」的角色而已。通靈前，也許我的想法是，生了就該養該教；通靈後，我比別人更淸楚知道因果的可怕性，您想，對於「媽媽」如此重要的一個角色，我哪敢有一點點的懈怠與疏忽呢？

我沒有眞正在上班，但是，我比眞正在上班的職業婦女還要來得累，因爲爲了避免會錯老天爺的意思而誤了他人，所以，當我通靈爲人服務時，一定是全神貫注，絕不允許自己有一絲絲的分心。雖然是如此，但是，憑著一股做媽媽的天性，憑著一股做義工的熱誠，靠著意志力，我走過來了。我自認爲走得非常投入、也非常充實。

去年最小的孩子上了國一，孩子們對我說：

「媽媽！放心好了，我們都長大了！妳應該放手去做妳想做的事了。」

總是這麼樣，只要是爸爸媽媽出國回來，女兒有的禮物，媳婦一定有；兒子有的，女婿也一定有；內孫有的，外孫也一定有。但是不能保證所買的東西一模一樣，例如琥珀項鍊墜子，雖然看起來差不多大小，但是終究還是有點差別，更何況形狀不可能完全一樣，那又該怎麼辦呢？很簡單，抽籤決定，誰先抽並不重要，重要的是，他們很明白的表示了一個信念——男女平等。

六個兒女統統結婚之後，爸媽為了讓子孫們有「家庭」的觀念，也著實費了一番苦心，每個星期日，大夥兒回到爸媽的住處，由二老出錢，六對年輕夫妻輪流煮飯給大家吃，午餐、晚餐皆要，換句話說，每餐一煮就是得煮二十多個人要吃的份量。想當初，新進門而從來就沒有下過廚房的媳婦為了這一招，還得去上烹飪課，也只不過一、兩年的工夫，每一個男女都被訓練得呱呱叫。

反正只要負責兩餐就是，至於每對夫妻之間各要怎麼協調，那是各家的事，老三老四老六，是夫妻共同在廚房奮鬥；老二老五是夫妻各煮一餐；至於我這個老大呢？太太負責前半段的買菜煮菜，先生負責後半段的端菜、切水果、洗碗。這一天，男的是泰勞，女的就是菲傭。

大人們忙著張羅吃的，小孩子則是聚在一起同樂，下午時光，有的看電視、有的小睡片刻、有的打牌、有的結伴出去逛街、有的去游泳溜冰……。晚飯過後，才各自回家。當然了，萬一有事，可以請假也可以調班，再不然就是延後一次，很有彈性。這種家人相聚的方式之下，就算是只生了一個小孩，這個小孩也不會孤僻不合群的，因爲一大堆小孩聚在一起（你會發現，他們自然會依年紀的大小而分成兩三組。）互相觀摩的機會多，學習的效果也更快。大人們則是將一周來的所見所聞說出來大家交換點心得增加見聞。

每隔一、兩年的暑假，爸爸媽媽總會帶著大大小小二十多個子孫，分乘四、五輛車來個長途旅行，有時是花東之旅，有時是南台灣之旅，有時是阿里山溪頭之旅，拉拉山之旅，台灣寺廟之旅……三天兩夜的家族旅遊，將永遠是我們每個人終身的甜蜜回憶。今年七月一行人浩浩蕩蕩搭上了挪威星號郵輪，來了一趟四天三夜的沖繩那霸之旅，回來也才不過過了兩個星期，大夥兒心血來潮，又出發了，到哪裡了呢？宜蘭的冬山河還有棲蘭山。

飲食觀

當老大還是幼稚園中班的時候，班上辦校外教學活動，有一位媽媽急急忙忙趕到學校，因爲她的孩子忘了把便當放到背包裡了。這個動作讓我感到很奇怪，因爲所有要吃要喝的東西，校方都已經準備好了，爲什麼這位家長還要送個不鏽鋼盒裝的便當呢？我問了這位家長，她是這麼說的：「我先生和我兩個兒子，正餐都只要吃飯，不吃其他的主食，什麼麵包啊、米粉啊、披薩啊……一概不吃，就只吃飯，所以我只好另外再爲他準備個便當。」

沒想到居然有這種事，但是我也想到了一件事，我自己的叔叔、姑姑、弟弟也是如此，只要是去吃喜酒，他們都得向服務小姐要一碗飯。我心想，我有三個小孩，如果每個人給我挑一種，那我不就完了。大妹的小孩就是這樣，一個要吃美而美的漢堡或三明治，一個要吃豆漿店的水煎包或蛋餅。

爲此，我開始訓練他們——「只要是可以吃的東西，就可以當作是一餐，在家中，我煮什麼你們就得吃什麼；出外的話，可以輪流做決定，也可以用表決的，少數服從多數；若是還有選擇，那麼就各吃各的。」於是有一個暑假，我一下子義大利麵、一下子壽司、一下子披薩、包子、餅乾、米粉、蛋糕、燴飯、泡麵……，什麼吃的東西都來了。一餐一種，沒有其他的可以選擇，不喜歡吃也得吃。有一天，小妹說話了：「媽媽說妳的經濟狀況是不是出了問題呢？她說，有一天晚上，她看到你們家只吃麵龜和花生湯圓而已。」

不過，經過這樣子的訓練之後，不管是吃什麼東西都可以過一餐了，就算是到了親戚朋友家裡用餐，孩子們也不會說出「媽媽我不要吃這個，我也不要吃那個。」讓我下不了台也讓對方尷尬的話。出外的時候，就像我說的，用表決的或輪流決定，如果是到了百貨公司的美食街，那麼就各自向媽媽拿錢，各自買自己喜歡吃的好好享受一番。不過有一個嚴格的規定，小學未畢業以前到了速食店，不准點可樂，這是爲了他們的健康著想。

一般來說小孩子不會喜歡新的料理口味，他們就只是挑喜歡吃的東西來吃，也就是因爲如此所以才容易造成偏食、挑食，而造成了營養的失衡。如果有新的一道菜色出現，不管是在餐廳、朋友家或是在自己家裡，我都會強迫孩子們吃一口，我說：「不管好不好吃，但一定是你沒有吃過的新口味，我只要你吃一口就好，好吃的話你就繼續吃，不好吃的話，我不會叫你再夾第二口。」

後來，有機會吃到那種隨你吃到飽的歐式自助餐，我又故意帶他們出門了。第一次，孩子們沒有經驗，鄉巴佬進城，眼睛睜得好大，看到喜歡的就拚命往盤子裡放，我也不多說些什麼。時候差不多了，老媽開口了：

「雖然是讓我們隨便吃，但是每一個人的食量一定是有限的，在第一盤的時候，你一看到喜歡的東西就添了一大堆，如果吃不完那麼就浪費了食物，但是就算你把它吃完了，也沒有辦法再去品嘗其他口味的食物了，好了，這是第一次，第一盤同樣食物裝太多而可能吃不下的，媽媽幫你們解決，但是下一盤開始，你們就該知道怎麼做了，我不會再幫你們吃剩下的東西。」

正確的姿勢

從小，我讓孩子們盡量跑、跳、爬、吊……，只要是能夠促進肌肉的發育，我都讓他們盡量玩個夠。至於一般生活上的姿勢，我就會很注意是否做得很正確，譬如拿筆、拿筷子等等，我的想法很簡單，一開始就教對的，以後少了糾正的問題與麻煩，但是不容否認的，就是因爲孩子畢竟還小，所以只有一再的注意、矯正與叮嚀。

老三一開始也是用左手做事，拿刀、寫字也是如此，雖然專家說不要勉強孩子改成右手，但是我一想到在台灣這個地方，很多東西的設計都是爲使用右手的人而做的，譬如一想到大學生上課用連著桌面的椅子，我就頭大了，於是我只要求孩子拿筷子和拿筆要用右手，其他的就隨他了。後來孩子大了些，有一天，他被老師罰寫生字，我告訴他：「你看，媽媽多厲害！訓練你左右手都可以寫字，如果老師罰你寫兩行，那麼你只要一手拿一枝筆，同時各寫一行不就行了。」然後母子兩人就這樣開始付諸實驗行動。

舉個特別的例子，這個例子可眞的是很特別，老二大班的時候，我發現到她天生的扁平腳掌已害得她走路的姿勢變成了內八字，於是到處去請教別人，還買了義大利進口的「矯正鞋」讓她穿。這時候，我才知道自己平時的觀念錯得有多離譜，幼兒在成長的階段，他的腳跟部分應該要利用硬的後鞋跟來固定腳踝的正確方向成長，而我卻自以爲穿軟的鞋子或涼鞋讓小孩子感到舒服才是正確的。

「矯正鞋」是高筒的又是硬邦邦的，穿起來非常的不舒服，不但如此，又很難脫上脫下的，還得一整天穿著。爲了矯正，又只能買剛剛好大小的才能達到治療效果，偏偏這個年紀的小孩，腳又長得快，於是一邊花錢替她買鞋、一邊花力氣替她穿鞋，還惹得孩子很不高興，也難怪小孩子會生氣，因爲一整天穿著，連午睡的時候都不能脫下，一定是又悶又熱又不舒服。穿過了兩雙之後，我發現這一招挺累人的，於是「棄鞋從我」，我自己來負責。

我很努力研究了老半天，終於讓我想到一個方法，我對她說：「妳可以不穿矯正鞋，但是妳的腳會越來越難看，我學妳的樣子給妳看，如果繼續下去，那麼內八字只會越來越嚴重。我可以答應妳不用穿這種鞋子，但是妳必須聽媽媽的話，妳再看一看媽媽的腳，如果我們想要把彎的部分矯正回來，那麼妳走路的時候，就應該在腳的這個地方用點力氣，並且隨時提醒自己走路的姿勢……。」我在鏡子前面一再示範動作給她看個清楚，她也答應我，要和我配合。

從此之後，每當和孩子們一起外出時，我一定是走在三個小孩的後面，仔細盯著他們的腳看，反正看一個跟看三個又有何差別呢？那段時間，我的口頭禪就是：「喂！注意你們的腳！向裡面用點力！」

四、五年過去了，我終於又可以走在他們的前面了。這幾年之間，我沒有花一毛錢，但是卻把孩子的內八字腳矯正了過來，用的就是這一招而已，老二現在是一百六十六公分，我想，我只是比較有心一點而已。

後來，每當老二遇到挫折的時候，我就會告訴她：「妳想想看，妳在那麼小的時候，就可以憑妳自己的力量，把一般人必須靠醫生才能改正過來的姿勢做成功了，媽媽相信，妳的潛力很夠，我不擔心，如果還是有問題我也會幫妳忙的。」

學琴的經驗

專家們說，幼兒時期，要讓孩子們多多利用「末梢神經」，例如手指的指尖部分，如此一來除了促進發育之外，還可以增進腦力的成長，一想到聰明與否的重要性，於是我想到了，如果是這個樣子，那麼運動十個手指頭是不是就可以聰明十倍呢？什麼玩具可以讓孩子平均運動到十個手指頭呢？而且還是不能用別根手指頭代替呢？而且還必須是靈活動個不停的呢？

答案也許有很多，但是我想到了學琴。因爲我結婚的時候，把爸爸送我的鋼琴也給搬了過來，於是老大就這樣順理成章的去學了琴，爲了避免以後的日子只有她一個人在受苦受難，於是老二、老三也跟著被我推下了這一個火坑。

自己走過來的人才會知道學琴的孩子眞的是很可憐，別人在看課外書、看電視、在遊玩，才三、四歲的小孩，他們卻得被「大人的願望」白白的剝奪了他們無憂無慮快樂的童年（老大是三歲十個月開始學琴的）。如果只是一星期幾天也就算了，對不起！練琴是天天的事，偏偏又沒有辦法花錢請別人來代爲練琴。雖然是這麼的辛苦，眞的是大人和小孩子一起在活受罪，但是幾年之後，我們也才體會到，辛苦不是沒有代價的。

當家長們碰在一起的時候，一定有一個共識，那就是在小學畢業之前，孩子們的學琴成績，不是孩子們的，那是父母努力得來的成績。一點都沒有錯，很少有小朋友會自動自發的去練琴，能夠不練就絕對不練，能夠少練就一定少練，不得已非要練琴的時候，也是一下子喝水，一下子尿尿，一下子耳朵癢……，反正能溜多少就溜多少。

台灣的小孩視力非常不好，我的兩個女兒又有先天的弱視，但是台灣印刷琴譜的品質卻是非常差，不相信的話，各位可以看看鋼琴的小奏鳴曲，我一直想不通的是，如果有能力學鋼琴，那麼就應該有能力多花一倍的錢買這一本琴譜，我的意思是，為什麼沒有人會建議出版商將這一兩冊改成四冊或五冊，而且每一張的紙張品質用好一點的，不要這一頁可以透視到另一頁，另外也應該將每一行的距離拉大一點。當然了，出版商可以說最後上臺還不是都要背琴譜，但是在背完譜之前，眼力已經是傷了一大半。

出版商不做的事，我自己來做就行了，何必非要等到別人幫我們動手，我將老師教的曲子，拿去放大影印，然後再每一行、每一行剪下來，照順序貼在大本的剪貼簿上。因為一首曲子通常要上好幾堂課，而且也並不是裡面的每一首曲子都要練習，所以這種工作做起來一點都不累，行與行之間的空白間距還可以讓老師寫注意事項。後來孩子們學大提琴、倍低音提琴還有胡琴，我都是如法炮製。

音階的部分，我也是一一的整理，把整理的結果依序貼在一本剪貼簿上，這一本的封面只有兩個字——「音階」，一個升降記號的歸一組，然後再依一個八度、兩個八度、三個八度……，兩個升降記號的歸一組，再一個八度、兩個八度……依此類推，而不是像書本上印的，印完全部升記號的再印全部是降記號的，害得孩子們練琴的時候，必須要東翻西翻的。

如此一來，孩子們看得清清楚楚之外，他們也可以從中去比較每一種調子之間的差別在哪裡，最重要的在無形之中，我相信他們長大了，也一定會用類似的方法去歸納一大堆雜七雜八的資料。大人們的一點點心思，就可以讓孩子們多了一些練琴或休息的時間。

我的孩子，小學的時候，雖然讀的是音樂班，但是他們在學科、術科的表現都不錯，最特別的是，在這一段時間之內，課外的書籍也看了非常多，一樣是每天二十四小時，爲什麼我的小孩可以做這麼多的事呢？原來是我這個做媽媽的花了一點工夫，替他們爭取到了很多原本應該是要浪費掉的時間。

上課的時候，我替他們把琴背到琴房，陪著他們上課，我在一旁做筆記，下課了，再把琴背到車裡。有一次校長看我左右肩各背了一把大提琴，她說：「我相信，你的身體一定很好。」孩子們也想自己背琴，但是我捨不得，不是溺愛他們，而是大提琴再加上硬殼，也是有一點份量的，至於老大的倍低音提琴那就更不用說了。

孩子們正在成長（小學階段），我擔心這個時候，一個星期背兩次琴（一次上個別課，一次上樂團課），可能會把他們壓垮而長不高或脊椎變了形，所以這個時期的媽媽又得做個最佳的提琴手了。上了中學之後，一個個長得比我高了，只剩下老大選擇這一條路，但是倍低音提琴，就是樂團中那一把比人還要來得高的BASS，再怎麼說就讓老爸老媽代勞了，還好一個學期大概只要背個三、四次。

我爲他們背琴也爲他們做筆記，也就是說老師上課的時候，我會在一旁做筆記，讓孩子們回家之後，比較容易再進入狀況，因此我和孩子之間，就有了一些代號，利用這些代號或簡體字，我就可以省掉了很多的寫字時間。我也爲孩子們做整理樂理筆記的工作，那並不是他們的功課，而是我去找資料，自己先看、先研究，再根據他們的程度重新整理，好讓他們自己複習。

那時候的我，好傻、好後知後覺，還把整理好的一大堆樂理資料，分送給班上需要的小朋友，卻不知道我的這種雞婆行爲，擋住了很多樂理老師賺補習費的機會。所以也許會有很多人告訴你學音樂要花很多的錢，因爲要加主修的琴課、加副修的琴課，要補習加強樂理、聽音、視唱的能力，要督琴（請老師在旁監督練習狀況）、要配伴奏……。其實用我的方法，可以省下非常非常多的金錢與時間。

我告訴孩子們：「你們碰到的都是好老師，不會隨隨便便就想要加課，也不會隨隨便便上個幾分鐘就算上完了一節課（以上的這兩點現象是事實，確實是有部分的術科老師在課堂上只教一點點，然後要學生再到家裡去上個別課，因爲這種加課是要另收費用的，往往一小時的鐘點費就得要花上兩、三千塊錢，所以，請慎選老師），上課的時候又都是那麼的認眞，我希望你們長大後如果也走上了音樂老師這一條路，千萬要拿你們的老師當榜樣，要記得，老師曾經這樣的教育過你們。」

老師們的態度，還有我自己的付出，再加上孩子們的努力，才有今日孩子們的成長。雖然只有老大繼續走這一條路，但是我永遠感謝這些認眞教學的好老師。

學畫的經驗

婆家住在高雄，每到了過年期間，就得大包小包的坐上火車回高雄。三個小小孩兩個大人，我總是半夜就得去排隊買車票，一個人也只能買四張票而已，可是等到坐上了火車的時候，我又不忍心看到那些站著的小朋友，於是變成了一家五口坐三個座位，一個就讓給別人坐，也許是兩個小孩，也許是一個大人抱一個小孩，總之，特別時段，大家擠一擠將就一下，同樣是出外人嘛！

坐火車的時候，我總是讓三個小孩一人帶著一個畫板、幾張用過一面的報表紙、一盒彩色筆，就這麼簡單，一路不吵不鬧到了高雄，有時候我們還會跟著孩子們一邊欣賞他們的畫，一邊一起編故事，連隔壁的小孩也常常會加進來湊一腳。

因爲我外婆家有遺傳性的色盲基因，所以在孩子小的時候，我就強迫他們「背」顏色，我將基本的顏色畫紙貼在牆壁上，告訴他們這個是白色、這個是紅色、這個是藍色……，然後再拿一盒彩色筆，訓練他們從中挑出和上面一模一樣的顏色，一再重複練習，我以爲就算是他們眞的有了色盲的基因，但是經過這樣子的「調教」之後，在一般生活上就應該比較不會受到影響。沒想到，卻也因爲這般的調教，引起了他們對色彩和畫畫的興趣。

爲了避免他們到處亂畫，於是到處去尋找可以用水清洗掉的畫筆（現在這種產品到處可見，但是在十多年前的確是不多見），雖然是可以淸洗掉，但是我還是要求他們不可以在不該畫畫的地方塗鴉，從小養成規矩是很重要的教育方式。後來發現畫紙無法滿足他們的需求，偏偏專家們又說：「要讓小孩多做抬頭的動作，這樣子可以刺激後腦，增加智力的發展，因此，建議家長們不要讓小孩子太早學會走路。」

可是我家的小朋友，一個個都是在周歲之前就已經會放手走路了，怎麼辦呢？簡單！我訂做了一大塊的白板，八呎長乘以四呎寬，再把這一大塊的白板釘在牆壁上，離地十五公分開始掛。這種高度，讓他們坐在地板上可以畫，站著也可以畫，但是如果想要畫到最上面就得墊著腳尖，仰著頭才可以勉強畫得到。

於是很多時候，媽媽陪著三個孩子，就在這一大塊白板上天馬行空的完成集體創作，一個上午、一個下午很容易就過去了。但是，白板筆的味道很不好受，所以一定要掛在通風良好的地方才可以。

爲了孩子們有愛畫畫的傾向，於是在挑選幼稚園的時候，我就很小心，我不要找那種只會讀書的地方，也不用敎雙語的，我要找的是——可以讓他們自由創作、自由發揮的小小樂園。我不想在孩子這麼小的時候，就把他們的想像力給抹殺掉。終於讓我找到了一家很合我意的幼稚園。他們用各式各樣的方法讓孩子們仔細觀察身邊的種種，再讓他們用各種的畫具將所看到的、所想像到的、所喜歡的……表達出來。

用舉例的比較快：

● 把一輛摩托車放在空地，讓小朋友圍坐在摩托車的外圈，然後利用畫筆在紙上把每個人眼中所看到的摩托車影像畫出來，想想怎麼可能會有兩個小朋友畫同樣的呢？所以每個人都很用心從自己的角度去觀察這一輛摩托車。

●到池塘裡撈了許多蝌蚪回來，分裝在幾個透明的玻璃罐裡，五、六個小朋友一組，玻璃罐就放在桌子正中間，小朋友就圍坐在四周，對著牠們畫了起來。一段時間過後，蝌蚪長出了後腳，再拿出來畫第二張；長了前腳，再畫第三張……直畫到蝌蚪變成了青蛙。教導孩子們的觀察力做到了，孩子們也記得了青蛙的成長過程，畫畫的技巧也進步了。

同樣的生長過程記錄，也用在種植綠豆芽的身上。

●老師帶著學生們，從學校沿著商店街走到了車站，一邊走一邊介紹各行各業，並特別指出每一家商店所賣商品的特點，到了車站之後再折回來。回來之後，馬上請小朋友將沿途所看到的、所記得的商店畫出來。用什麼畫呢？用報表紙畫，一張連著一張，一張就代表一家商店，有的小朋友就趴在地板上聚精會神的畫了一下午，完成了十多家商店的傑作，也就是說他們根本就不需要打稿，十多張的報表紙都還是連著的。有時候，他們也會用腳丫子當畫筆，在報紙上盡情的作畫。

有時候，就用黏土捏捏搓搓地完成了各式各樣的創作或指定的題材。

還曾經以一隻活蹦亂跳的猴子當模特兒，當然猴子是被關在籠子裡的。

好多好多很有心的作法，讓孩子們在享受畫畫的過程中，也體會到了如何讓「心」定下來，因爲定不下心來的小朋友，絕對沒有辦法交出一張漂亮畫作。重要的不是在方法，而是他們尊重每一個小朋友的創作，他們不會對小朋友說：「你這個畫得不像，你這個顏色不太對，你這一個圓畫得不夠圓……。」

我就是喜歡他們的這一種「自由畫風」，我以爲在這個年紀，畫畫就是一種享受。當你學會了享受，你就會沉浸在其中，你就想要再求更高的享受，你就會要求自己要更上一層……。由享受變成興趣再變成專業，專業多多少少不是憑空而來的。

有一次，我這個雞婆的家長提了建議：「既然讓小朋友畫水彩畫，但是台灣製的水彩品質沒有日本的好，畫起來總有那麼一點點髒髒的感覺，我覺得這可能會影響到孩子們對色彩的認識與要求……。」沒多久，全班統一用日本櫻花牌的水彩。

在家中，我也買了很多教畫漫畫的小畫冊，讓他們自己照著書本的教法練習，但是我不買那種已經印好圖案只要小孩塗色的畫本，因爲我覺得那種畫本限制了小朋友的創造力。我買了色紙、彩帶……不只是美術，連美勞的觀念我都給了他們，我帶著他們去看別人做麵包花、紙黏土、紙籐花籃……，回來之後，我們也照著做。

我帶他們看畫展，帶他們到書店，讓他們自己挑選他們自己喜歡的畫冊，帶他們到專業的美術用品社，讓他們自己挑他們自己喜歡的美術、美勞用品，帶他們到台北衡陽路的大陸書局買了日本發行印刷的這一類書籍……。我承認，我是花了不少錢，但是卻從來沒有讓他們去跟大師學過，而我的小表弟也只是教了他們幾次的基本畫法而已。一家人就這樣「自以爲」很快樂的在「畫畫」中生活著。

老二小學畢業的時候，我勸她考美術班（別忘了，她是音樂班畢業的），因爲我發現她眞的有這一方面的天分，音樂班她也讀得不錯，但那是「努力」換來的成績。關於美術這一方面，就完全不是那麼一回事了。因爲她從來就沒有學過，沒有被坊間的標準限制過，所以身爲媽媽的我，知道她有滿腦子的創作力，我不想看她就這樣浪費掉老天爺賜予她的潛力，所以我一再地鼓勵她走上畫畫這一條路。

她對我說：「媽媽，我考音樂班可以考得很好，而且我也不想離開我的同學。」我說：「我知道妳一定可以考上第一志願，可是我也發現妳非常喜歡小動物，將來如果妳考上獸醫系，妳就可以幫助動物們，讀美術班有這個好處，因爲妳一定要會畫動物的……。」我終於打動了她的心（沒辦法，這個老媽會通靈，從她最喜歡的動物們下手）。

離考試只剩下一個多月了，她還是沒有去上任何一堂畫畫課，我們家又住在三峽山上，於是她自己一個人對著素描畫冊學了起來。在沒有花一毛錢的情形下，她考上了美術班。

國一的時候，她說，她將來要考獸醫系，到了國二升國三的時候，她說：「媽媽，很對不起，我不想考獸醫了，我覺得我比較喜歡畫畫，高中我還是要考美術班，妳會不會覺得很失望或是很生氣呢？」我心裡好樂！天啊！我又贏了！我眞的把她給拐到「畫畫」這條路上了。

觀察身邊的種種

爲了怕他們色盲，我又玩了另一種遊戲──「拼圖」，從四片的開始，十片、三十片……，直到兩百片，一方面訓練他們的定力，一方面訓練他們的觀察力。那時候家中的拼圖好多，生怕會混在一起，我在每一片後面都會做個記號，而這個記號又得和盒子上的記號一樣，這樣子萬一撿到了其中一片，也才會知道這一片是屬於那一盒的。

我教他們如何在衆多的拼圖中起頭，然後如何觀察……。最後，三個孩子終於大了，我將這許多的拼圖還有必須要用腦筋才能組合拼裝的玩具，全部都送給了幼稚園。有一次，我到了這家幼稚園拜訪，看到一大堆正在等爸爸媽媽來接回家的小朋友，個個埋頭苦幹的和一盒盒的拼圖奮鬥，可知道我那時候的感動嗎？

這裡可以教各位有心的父母一招省錢的方法。你可以拿幾張不用的月曆，後面黏貼一張較厚的紙，然後依你的需要，畫出不規則的張數，再一小張、一小張的剪下來，連厚紙也一起剪。再在厚紙的後面做個記號，屬於同一張月曆的圖案，就做同一個記號，最後用塑膠袋裝起來就可以了。如果孩子更大了，張數可越剪越多，每一張也就越來越小了。如果你擔心忘了完成圖是什麼，通常月曆裡有一張總覽圖，不然的話也可以用照相機拍攝起來存檔。

我給三個小孩各買了一個迷你攜帶型的顯微鏡、望遠鏡、放大鏡，家中還放著一個桌上型兒童用的顯微鏡。有了這些小儀器，我們發現到「世界眞是妙妙妙」。

我們研究指紋、布紋、昆蟲、樹葉……，觀察對面山上的登山客……。有一次，在回家的途中，我看到了一條大蛇正準備橫越過路面，於是馬上把車子掉頭，一邊叫醒在車內睡覺的孩子們。有一個當地的年輕人剛好騎摩托車經過，趕忙下車從護欄的水洞口，一把抓起了這一條大蛇，猛地往地上一甩，活活的把這條大約兩公尺長的蛇給弄死，高高興興的裝進了他摩托車的置物箱內。後來，這一段身歷其境的故事，就成了孩子們印象深刻的經驗。

我喜歡種東種西的，一直希望能有那麼一天，我可以與泥土爲伍，搬了新家之後，只能買幾盆小盆栽點綴點綴。後來老二跟進了，沒想到，最後居然被她給霸占了，不過爲了這六、七十盆的小小植物（外婆看她照顧得這麼好，也買了好多盆送給她），她可眞是卯足了勁，我也買了相關的書籍讓她參考。

後來又養了幾隻小魚，每天放學回家，她起碼得花一個鐘頭的時間在她的花花草草和小魚上。只要功課跟得上，我絕不會去阻止她。並不是因爲我自己也喜歡，而是從照顧這些動植物的經驗裡，她自己必須去學會觀察、學會了解相關的事項，最重要的是她體會到「生命」的另一種存在。我總是認爲學習就是一種「美」。

兒子看著書，自己利用可以搜集到的東西，做了一支可以切割保麗龍的工具，做了一支類似電動攪拌器的小型粗製電動攪拌器，還很得意的告訴外婆：「阿嬤！下次您做蛋糕的時候，這個就可以借給您用了。」老三和老二不同，他喜歡自己動手做工具、做玩具，利用廢物做一些有的沒的……。老大的興趣則可能是在語文……。至於三個小孩共通的興趣又是什麼呢？看課外書籍。

觀察身邊的種種，我的用意是說，平常就要很仔細觀察孩子，多方面的注意與觀察，你自然就會知道孩子的興趣在哪裡。興趣有時候是可以培養出來的，如果作父母的能夠適時的助他們一臂之力，或給他們來個愛的鼓勵，相信對孩子們來說，一定是件很快樂、很開心、很滿足的事。有了興趣，生活的步調就會柔和多了。

隨時動動腦

我很怕他們變成生活上的白癡，而成了別人的負擔，所以盡可能的，可以教的我就教，不能因爲害怕他們做不好就不敢教，如果您是這麼想的話，那麼他們永遠就沒有機會可以去學、去做、去嘗試，當然就永遠做不好了。

- 曬衣服的時候，我教他們應該怎麼掛、怎麼晾，才能讓所有的衣服都能夠順利曬乾，是不是我們該把較厚的衣服晾在靠陽光或較有風的地方呢？
- 孩子們書桌前的牆面上，是否可以貼個美耐板或什麼的，讓他們可以展示他們願意分享給大家看的成果。
- 是否可以在自己的抽屜內放幾個塑膠置物盒，再將文具等東西分類排放呢？

● 新買來的衣服，如果有備用的扣子，可以收集起來，是美勞非常好用的道具。
● 家中的書籍是否可以分類歸放，方便尋找也省得胡塗的媽媽又重複買一本。
● 樂器的擺置，是否可以多加個固定繩，免得被地震給震壞。
● 外出過夜的時候，不妨多帶一套衣服，以備不時之需。
● 爲孩子們買個多層塑膠文件夾，可以將發回來的考卷分類存放，便於複習。

培養孩子看書的興趣

老大才一個多月大的時候，我就注意到這一件「大事」了，所以我先自製了一本大歌本，裡面大約有一百首的兒歌，一面一首，全部都是我用粗體的簽字筆一字一字寫出來的。我根據歌詞的多寡而決定字體的大小，不管怎麼說，都絕對比外面出售的歌本裡的字體還要來得大。除了寫歌詞之外，我還將少女時代收集的書卡拿出來，把有關的圖片剪貼上去，如果實在找不到相關的圖片，我就自己畫。

爲什麼要費這麼大的工夫呢？一來，是爲了孩子的視力著想。二來，我寫的每一首歌我都會唱，我可以一邊教唱，一邊教孩子一個字一個字比，跟著我來學認國字。三來，加上了圖片，就可以加深孩子對這首歌的印象。

有時候，我不得不認爲自己眞的很天才。我自製歌本、自製七言絕句本（例如：少小離家老大回……）、自製認字卡……，爲什麼呢？我想走在路上，到處都可以看得到國字，所以這是個很基本的功課，是認國字而不是認ㄅㄆㄇㄈ。

我從身邊孩子所熟悉的東西開始，絕不是從筆劃數少的字開始，例如我一開始就教他們「挖土機」、「電視」、「媽媽」、「爸爸」……。我將每一個詞（不是每一個字），做成一張卡片，和他們一起玩遊戲，有時候是搶字卡，有時候是踩字卡。我發現孩子們把這些字當成一幅畫在記憶……。慢慢的，我才開始教他們如何區分很相近的字，例如，夫、失、天、大、太……。

什麼時候開始教認字呢？也許您會嚇一大跳，我是從他們會坐的時候就開始教認字，也就是說，大約是在七、八個月大的時候。上街的時候，我就可以到處讓他們練習，反正到處都可以看得到中國字。

幼稚園的階段，我就帶著他們到書店，坐在童書區前面乖乖的看書，這時候的他們已經認得好多個字了（還不會注音符號），他們聚精會神的看著，每次都是我催了幾回之後才願意回家。在家中我也買了好多的書籍，讓他們隨時可以取得隨時可以看，我會依他們的習慣而改變放書的位置。

例如，如果他們喜歡坐在客廳看書，那麼客廳書架內的書我就會常常換新，這樣他們才可以看到不同的書。另外在每一個房間裡，依他們的高度都可以自己拿到書本看。有些人家將書放得高高的，孩子們不想看，這又要怪誰呢？書不是買來擺好看的，是要用來看的。

隨著年紀的成長，孩子們看的書也會不一樣，我除了不定期會送給班上一套優良讀物之外，我也將孩子們看過的書送給周遭需要的朋友，或是再加買一些文具用品，打包裝箱好，郵寄到泰北邊界的小學校，讓偏遠地區的中國小孩，也能有機會看到好的圖書。

如果我的能力能夠做到，我就一定會去做，我的想法還是一樣，書是用來看的，不是用來擺好看的。有一種書，我就比較不會送出去——工具書。我很珍惜這些我認為是「寶」的物品，所以轉手到他人手上的書，一定都還是好好的。

除了看書之外，我也買了好多好多的錄影帶讓他們看，所以那個時候，他們很少看電視，大部分都是看錄影帶。因為是我挑選的片子，所以品質我可以控制，又因為沒有廣告，所以間接的也養成了他們定坐在一處的耐性。不要以爲看的都是卡通影片，對不起，最令他們回味的反而是那些老片，例如：「羅馬假期」、「金玉盟」、「賓漢」等等。

我相信每一個做父母的都相當有心，只是有時候經濟狀況不太允許自己花太多錢在孩子身上，其實我的方法很多是不需要花什麼錢的。做字卡很簡單，只要是紙就可以了，弄破了再寫不就行了，你可以寫一個詞，也可以寫一篇七言絕句，也可以寫一首歌，一首孩子喜歡唱的歌，貼在櫃子上或牆壁上，同時貼個幾張，會了，再換新的幾張。有空的時候，就帶著孩子到書店或當地的圖書館看免費的讀物。

只有兩個條件是父母必須要做到的——第一，要有時間陪著孩子看書，引導他們看書，不要你叫他們看書，而自己卻在一旁看電視，起碼你也要養成他們看書的習慣之後，再回頭放心的去看電視。第二，要有辦法在公共場合，控制住孩子們的舉動，不要讓他們在書店或圖書館裡大吵大鬧。

功課上的獨立

如果，從頭看到這裡，我突然告訴各位：「我的三個小孩，他們從小到現在的學校功課，到底在教些什麼，坦白說，我完全不知道。」或許你不相信我所說的話，可是我絕對沒有說謊。除了有一個學期，我在學校當數學的義工媽媽時，知道我的兩個學生當時的功課進度外，其他的，我真的是一概不知。可是你一定會問我，那麼我的小孩功課又是誰負責的呢？答案是他們自己。就聽聽我說故事吧！

幼稚園的時候，沒有什麼功課，就是有也只是一些美勞剪貼資料的功課。小學時，因為在他們很小的時候就學會了很多的字，所以課文根本就不成問題，別人還在慢慢拼注音符號的時候，他們不知道已經看到哪一行了。

我本來不知道這兩者之間的差異有多少，有一次，放學的時候，我到教室去接兒子，有幾個小朋友拿著一本童話書在看著，其中的一個人負責用手一個字、一個字的往下指著，而我兒子和他的一位好友，卻一個人抱著五本和其他人相類似的書在翻著。後來老師才告訴我，這兩位小朋友，不只是看書快，他們各自看完五本之後，還要由對方根據書裡的文章發問題，看看是不是真的看懂了。那時候，才小學一年級而已。

就因為認字多，看書快，所以功課也做得很快，我只會要求他們要把字寫整齊，剛開始，我坐在旁邊盯著，寫不好就罵、就擦、就重寫。後來覺得這種方法實在是太笨了，我乾脆離開讓他們自己寫，等全部寫完之後才拿給我看。我還要求他們，必須把老師規定的功課，一樣、一樣翻開、弄好，讓我檢查校正。

字寫不好看的時候，很簡單，我就這麼畫一撇，旁邊寫個「重寫」就好了；如果是數學或其他的功課做錯了，我就打個小叉叉，叫他自己再想清楚。放心好了，我不會第一次就告訴他們答案的。我會讓他們一直想，一直想，眞的想不出來的時候，我才會教。

四年級的時候，多了社會科出來了，這是需要記憶的功課，可知道我怎麼做呢？我更狠了！我把高中生、大學生做筆記的那一套技巧教給了他們，我強迫他們自己在書本裡的空白處，做好這一課的總整理。

前一、兩次我教他們，後來他們就必須做給我看，我不是看他的內容對不對，我是看他會不會整理筆記——如何挑出大綱、如何抓住原則、如何分段、如何看著地圖找重點。沒有錯，四年級開始，我就把大人整理筆記的那一套，教給了他們，其他的就靠他們自己了。

考試到了，怎麼辦呢？我會事先把三次的考試測驗卷分開，題目和答案紙也分開。

一、二、三年級的時候，他們寫，我改，我把正確的答案寫在錯誤的旁邊，然後讓他們自己再去複習。四年級的時候，還是我改，但是請他們自己從答案表中找出正確的答案。五年級的時候，他們自己寫、自己改、自己訂正。六年級的時候，我不把整本的測驗卷分開，而是讓他們自己決定「要不要寫」，他們可以挑較難的寫，也可以統統寫或統統不寫。

我的要求只有一個，請保持在班上幾名內（當然是在他們能力所及的範圍內）就可以了。有一次，老二很認眞的準備考試，卻來不及寫測驗卷，結果考了第一名，她說：「其實也可以不寫測驗卷嘛！」我也不多說什麼。下一次，她眞的就不寫了。完了，大意失荆州，跌了好幾名，我也不多說，一次就讓她學乖了。看懂了嗎？我的方法是逐漸的放手，「把讀書的責任還給他們」。

上了國中，還是一樣，剛開始，什麼課的參考書都買，慢慢的，他們說要買的我才買，要不要寫、要不要改，都是他們自己的事，我還是一樣要求他們保持在班上幾名內。如果達不到，那麼從拿到成績單的那一天開始到下一次考試之前，不准看電視，不准玩電腦（電腦功課例外）。

其實這種處罰並不重，因爲吃飯的時候，照樣是在看新聞報導，這時候往往是我們之間很好的溝通時段，我們會根據當天的特殊新聞發表個人的高論。一般父母總是抱怨孩子只會守著電腦，上網的費用又是一大堆，我未卜先知，裝電腦的時候，就另外申請了一條電話線，只要每個月電腦用的電話費超過了一千元，那麼我先生就會念個沒完，念到小孩子受不了，一氣之下，就不玩了。這種情形總是周而復始的在循環。

有一次，老大退步了好幾名，回來之後，非常難過的對我說：

「這一次段考我退步了很多名，妳會不會傷心呢？」

「傷心也來不及了，反正我說過了，書是讀給妳自己用的，不是爲我讀的。不過，妳這一次退步了這麼多名，一定有很多家長很高興，因爲妳讓他們的孩子進步了。」

「媽媽妳怎麼跟我另一個同學的媽媽講的一樣呢？」

「當然要這樣子說了，這是事實，難道不是嗎？只是不知道，這種行爲能不能歸類到做善事的一種呢？」

下一次段考過後，她又說了：

「媽媽！我今天好丟臉喔！今天廣播說我得到了我們班的進步獎。」

是嘛！偶爾退步一下還多了一張獎狀回來——「塞翁失馬，焉知非福。」

如果說，今天我可以這麼放心的出來爲大家出點力，那應該是我三個孩子們的功勞，因爲如果不是他們這般的自愛、自重、自動，我絕對無法走出這個家庭的，三個小孩的年紀說大不大，說小不小，也都正好是容易變壞的時候，功課也不是那麼穩定，就算老天爺要我出來幫忙，祂們的話，我不見得聽得進去，只有孩子們讓我放心，我才有勇氣讓自己曝光出來。

謝謝！謝謝三個小朋友的合作。

我說：「明天晚上，媽媽有座談會要開，你們自己要弄晚餐，可以嗎？」

他們說：「放心好了，我們會自己弄的，可是，媽媽！妳這樣忙進忙出的，可要多保重喔！」

補習觀

我告訴孩子們：「如果你們讀書必須讀得那麼辛苦，像一般的學生一樣，一天到晚去補習的話，那麼我寧可你們將補習的費用拿去學一些技能，例如學做蛋糕，以後去開家蛋糕店也比現在死讀書還要來得好。所以，我不會拿錢出來讓你們去補學校會教的功課，至於該怎麼念呢？就是我常說的，不會的就要查、要問，可以查參考書、查相關資料、問爸爸媽媽、問兄弟姊妹、問同學、問學長、問老師，如果老師還不會，那就有問題了。如果老師不肯教的話，那媽媽只好到學校走一趟。」

這是我對讀書的看法，千萬不要死讀書，可以依個人的興趣或需要，多看一些有益的課外書籍。去年暑假的時候，孩子們要求我買一些材料，做什麼呢？原來三個人窩在廚房，對著食譜學做各式各樣的紅茶飲料。

爲什麼我非常反對讓孩子們去補習呢？我指的是補課堂上的功課，因爲我要讓他們知道，上課的時候就是要認眞，不要上課不認眞，跟不上了，才想要去補習，補習絕對是要花錢的。我也常常告訴孩子們：

「我有能力爲你們繳要交給學校的費用，但是，對不起，你老媽沒有多餘的錢可以再讓你們去補習，你們自己看著辦吧！如果你想要擁有多一點的學問，自己上課就一定要專心。如果我有多餘的錢，我會讓你們去買一些課外的書籍看，或多聽些好聽的音樂，至於補習功課的錢，我拿不出來。」孩子們爲了想多看些課外書籍，於是只好互相鼓勵互相督促了。

至於其他的「才藝」課程，狀況許可的話，我會盡量讓孩子們去學習，例如：美語、書法、游泳等等。孩子們小的時候，只要任課老師允許，我一定會在一旁跟著一起學習，我比孩子們還要認眞，很努力的記住老師所說的每一個重點，回家之後，再爲孩子們複習，達到事半功倍的效果。在這方面，我絕對是個非常嚴格的媽媽，不是花錢的問題，而是學習的態度、學習的過程是非常重要的。

增進孩子的人際關係

這是很重要的一件事，還記得老大小學的時候，班上有一位很特別的媽媽，先生位居高官，可是她卻老是要她的女兒在班上、在樂團中爭排名爭首席，孩子本身很好，卻被媽媽的這種行爲給害了，因爲我們那時候常講一句話：「萬一，將來孩子們長大了，樂團中有名額，誰敢通知她呢？哎呀！爲什麼要這樣子害自己的小孩呢？」

我的作法也很簡單，可以和大家共享的，我絕對不會吝嗇，需要我們出力的，我們做得到的，也一定幫忙。但是我們絕不跟別人去爭那個有的沒有的，有什麼好爭的呢？你愛的我又不愛，我會的你又搶不走，何必呢？

平時只要我有做蛋糕或餅乾，我就會讓孩子們帶到學校請老師和小朋友吃，有時候，小朋友也會指定我這個陳媽媽做什麼樣的餅乾。平時孩子如果要帶同學到家裡，我幾乎都不會反對，除非那天眞的不方便，因爲別的小朋友到了我家，從他們的談話中，我就可以了解到他們的行爲或他們在校的情形。

來到家中的孩子也很自在，因爲家中有什麼他們就吃什麼，還常常有機會跟著到隔壁的外婆家吃飯呢！孩子的同學們想要搭我的車，沒問題，只要是不趕時間，只不過多花個七、八分鐘的時間就可以載一車的同學到達捷運車站，又有何不可呢？而我呢，在車上就可以聽到新新人類的另類對話，彷彿自己也年輕了不少。

親子經

親子對話

有一天，就讀高二的女兒對著鏡子在擠臉上的青春痘，我看了很心疼。年輕的時候，我自己也曾經是「痘痘滿身飛」，什麼不好遺傳，偏偏把這種體質生給了女兒，氣自己的差勁，卻不知該如何是好。

「妳不要一天到晚花時間在擠痘子、打電腦，妳念書的時候，有這麼認眞就好了。」我把問題扯遠了，好像很多父母都是這個樣子。

「媽媽！爲什麼你們大人就可以罵小孩，而我們小孩卻不能罵大人呢？難道你們大人就不會做錯事嗎？」剛剛是我拉開了嗓門數落她，換來的是她冷冷地看了我一眼，冷冷地說了這一段話。

「因爲我是妳媽媽！我是關心妳、爲妳好，妳還以爲我喜歡說妳、罵妳啊！」心中的這一長串話，正想脫口而出，祂們卻來了。喔喔！好！

向女兒彎了腰，鞠了躬，「對喔！爲什麼小孩就不能罵大人呢？難道我們大人都不會做錯事嗎？謝謝妳提醒我！這樣子好了，下次媽媽做錯事的時候，請妳一定要告訴我。」夠低聲下氣了吧！

「有什麼用！你們大人都是這樣，每次跟你們講你們做錯事了，你們總是說——哪裡有？哪裡有？根本就不會承認。」她的語調提高了。

天啊！這是那一門子的親子溝通啊！有人說「夫妻相處如冰山，親子溝通像火山」，我家有幾座火山呢？父母都得生活在水深火熱之中嗎？

再彎腰，心甘情願地又向她鞠了躬：「這個就不是妳能懂的，隨著年齡的增加，理解力會越來越強，可是記憶力卻一直在減退，會越來越差。不是我想忘記，而是我的肉體已經在慢慢老化了，我也不想變老。妳還年輕，沒有辦法體會歲月催人老的無奈。這樣子好嗎？下次媽媽犯錯的時候，請當場告訴我，我一定會想辦法盡量改過。當妳有錯的時候，我也當場告訴妳，妳也想辦法盡量改過，好嗎？」

「好！」兩年來，母女相安無事。

＊紅斑性狼瘡的女孩

她和媽媽、阿姨一起來，高一。媽媽是個模範小學教師，可是卻無法管教這個獨生女，因爲女兒常用一句話頂媽媽：「誰叫妳把我生出來，把我生成這個樣子。」什麼樣子呢？小妹妹從小就得了紅斑性狼瘡，常常要打類固醇的藥，整個臉看起來就像個麵龜，媽媽爲此總覺得很對不起女兒。

現場，小妹妹不肯好好坐著，走來走去。當三個大人談話時，她有一句沒一句的插話進來，對媽媽講話的態度也不太友善。

「妹妹，我的大女兒和妳同年紀，我的二女兒小妳兩歲，她們也曾經和妳一樣，對我這個做媽媽的說過類似的話。我女兒說：『媽媽妳爲什麼不把我生成像爸爸一般的身材，像妳一樣的眼睛呢？』妳知道我怎麼回答嗎？」

「我說：『每一個做媽媽的都有權利選擇要不要懷孕生小孩，但是卻都沒有任何權利可以選擇到底要生下一個什麼樣的小孩。』」

「妳責怪妳媽媽把你生下來，生成這個樣子，害妳受罪，可是我倒是覺得妳媽媽應該責怪妳才對，誰叫妳自己要來投胎轉世當她的小孩呢？還帶了病來轉世，害得妳媽媽陪著妳一直在受苦受罪。她愛妳、疼妳、關心妳、照顧妳，還得要被妳罵！知道嗎？做媽媽的只能決定要不要有小孩、生小孩，並沒有指定、也不能指定誰來投胎當她的小孩。是妳自己要來當她的小孩的，沒有人請你來！想清楚！有那一個媽媽有辦法可以指定誰來當她的小孩嗎？」

「阿姨，從小到大，沒有人可以頂得過我這一句話，妳是第一個。」小妹妹很開心的對我說著，趁這個時候，我問她讀什麼學校。

「高職電腦科一年級，阿姨，妳知道嗎，我是我們班上打字第一名。」

「眞的，妳用的是什麼輸入法呢？」

「無蝦米。」

「阿姨也是用無蝦米，當初阿姨的第一本書《如來的小百合》就是我自己一個字、一個字打出來的。來，我來考考妳。」

於是我考了她幾個字，然後還和她比賽，原來她還不會無蝦米的兩碼快速字表……，她很開心地就坐在我旁邊和我聊了一陣子。但願當時的我就這樣解開了她的心結，有病何妨？有個眞心關愛她的媽媽那才是最重要的。

鬱金香咖啡屋

鬱金香咖啡屋開了，謝謝兩個妹妹為我開了這家咖啡屋，讓我有個定點可以為人服務。

有一天中午，祂們突然寫了兩個字給我──「對面」，接著又出現了一枝金黃色鬱金香的畫面。沒有前文，就只有對面和鬱金香而已。念頭一轉，啊！難道是指咖啡屋的地點嗎？當時我們三姊妹一有空就在住家附近找房子，可是，是什麼的對面呢？住家附近的空屋都看得差不多了，並沒有合適的啊！

大妹說店名可以叫做「理性與感性」，小妹說太長了，應該叫做「超越時空」比較好，我是大姊我做決定：「除非用鬱金香當店名，否則一切免談！」

地點可能有了，店名也有了，可是根本就不知道房子在哪裡。反正住家附近的大目標沒有幾個，多想一下就是了。馬上我就鎖定了目標。第二天一早從民族路經過……還真的有房子要出租……。一切搞定，不是我搞定，從頭到尾都是祂們的傑作。

房東說：「妳們三姊妹看起來好像相處得很好的樣子！」他不說，我們還沒有注意到。眞的！從小到大，我們三個人從來就沒有過任何爭吵，爲了證明，還特地向爸爸求證。也難怪會如此，因爲我的個性最強，又是老大，所以三個人都在的時候，老大作主；老大不在時，聽老二的；老二也不在時，老三自個兒看著辦！

所以當你有機會到鬱金香咖啡屋時，只要聽聽聲音就會知道誰是老幾了，因爲越小的越沒有脾氣，她的聲音總是帶著笑意。

鬱金香的布置，牆壁上的畫作大部分是小女兒的作品，隔間架上面的花束，是大女兒音樂演奏會獻花時所留下來的紀念品，店前的史坦威直立式鋼琴則屬於兒子的私人財產，廁所內外牆壁上的花花草草是本人的傑作。至於其他種種的生財器具或設備，全都是妹妹們投資的。你想知道店裡面最好吃、最受好評的是那一道餐飲嗎？是妹妹們自製的手工餅乾。

※　※　※

知道嗎？每辦一次座談會，除了我之外，現場起碼要有四個以上的餐飲服務人員，我也要上場整整三個鐘頭以上，集中所有的注意力收訊息，並且還得用大夥兒聽得懂的舉例來加以說明。最少五個人，最少都得各自奮鬥三、四個鐘頭，收入又是多少呢？各位不妨算算看便知道了。一場二十個人（別忘了，還會有人缺席），每個人的費用是個人所食用的餐飲費再加上一百元的場地費。

還好啦！一場座談會下來能夠有五千元的收入，眞的就要掩面偷笑了。爲什麼我會如此的計較咖啡屋的營業收入呢？因爲「鬱金香咖啡屋」是兩個妹妹爲了我這個會通靈的大姊，專門爲了我的「通靈服務」而特地開業的，我當然得爲她們的開業投資負最大的責任。

咖啡屋的地點離家還滿近的，走路不超過十分鐘，不但省掉了一大堆的通車時間，也讓剛失去另一半的爸爸，有個就近走動走動的地方。不過老天爺選定的這個地點非常特別，這地方幾乎沒有外來客會進來坐坐，也許祂們就是爲了保護鬱金香咖啡屋磁場的單純吧。

妹妹們爲了我，眞的就這樣傻傻的投資下去，不喝咖啡的她們還得從頭拜師學藝，光是裝潢和生財設備就花了一百多萬，她們也只是很單純的想法，想讓這個一向一意孤行的老大姊，能夠安心、專心的爲一般人服務。兩個妹妹從來就沒有想到過開這家店到底會不會賺錢，只想到能不虧本，就算拿不到薪水，做個純義工，只要能打平也就阿彌陀佛了。

這是她倆的想法，我可不一樣，我只想在此地服務兩年，兩年之後我想過個另類的生活，讓自己孤獨淸靜一下。做些什麼呢？我一直很想練畫畫、練書法、學南胡……等等。總之，我很想到一個全新的環境，一個擁有小小花圃，可以讓我種植花花草草的地方……。到時候再說吧！爲了這兩年，我就得好好的計算一下，我該讓自己「服務」到什麼程度，才可以讓好心幫助我的妹妹把投資的成本「撈回來」。我一向直話直說，這段話也是直話直說。

（註：兩年早就過去了，只是……，唉！心目中的另類生活離我好遠！好遠！）

當我剛通靈的時候，祂們給了我一個很特別的「戒律」，什麼戒律呢？「不准和任何人有任何的金錢往來」，什麼叫做任何人呢？包括父母，包括自己的兄弟姊妹。什麼叫做任何的金錢往來呢？舉例來說，向人借錢、借錢給人、與人投資等等一概不行。

祂們對我的限制就只有這一條而已，信不信由你！剛開始時，我並不相信，高高興興的投資了朋友一次，結果慘敗，一次就學乖了，我可沒有那麼傻！從此之後我謹守這個戒律。直到今天，我不得不佩服祂們的遠見，我感謝祂們的這個限制讓我在通靈的這條路上，一路走得自在瀟灑，說來就來，說走就走，不欠人也不被人欠。爲什麼呢？

祂們所持的理由很簡單，想想，如果我知道某些人有賺錢的命，那麼我只要投資對方就好了，我只要做這個人的通靈顧問（不知道有沒有這個行業的頭銜），一切不就搞定了，從此衣食無缺了嗎？但是，再想一想，那我不就「貪」了嗎？別忘了！修行是最忌諱「貪」的。從此之後，我的「心」能夠超然？我的腦袋瓜會「空」嗎？我的看法、建議會是「公正」的嗎？絕不可能的！

「鬱金香咖啡屋」我沒有投資一分一毫，但卻是一家專門爲我的通靈而開的咖啡屋。所有在現場服務的人員，不管男女老少，全都是我的家人，全家人陪著我走這條通靈服務的道路。

※　※　※

如果你想來找我爲你服務的話，那麼請先看過書好嗎？（其實我寫這一句話是多餘的，因爲既然能夠看到這一句話，就表示你已經在看書了。）

首先，你對因果輪迴轉世的觀念有了初步的認識；然後，對一般坊間所謂的改命、改運能夠從另一個角度加以思考，並有了更明智的選擇與判斷；最後，也淸淸楚楚的了解我服務的方式之後，那麼你再來找我，我的服務對你才有意義才有幫助。否則，我勸你不必要遵照我的規定，打了老半天的電話，又大老遠的來找我。然後又不知所以然，再悻悻然的回去。何必如此浪費時間與金錢呢？如果你想要介紹親朋好友，也請他們先看過書好嗎？

也許各位並不知道，到了鬱金香咖啡屋之後，我的日子是怎麼過的。通常我早上五點多起床，然後開車送孩子們到捷運車站、到學校。回來之後就直接到店裡廚房內的一張小床舖補眠一下。約八點四十分起來，準備上「早班」，早班是九點鐘開始的。

中午外出到市場吃碗麵，順便買晚飯要煮的菜色。雖然店裡有得吃，但是我總是強迫自己一定要記得透透氣，走動走動一下，否則這個肉體一定會常常出狀況的。一旦身體出了問題，無法為大家服務，那麼我挨罵的機會就更多了。一點半「午班」開始，也許是一對一，也許是座談會。一對一還好，反正一個人半個鐘頭，好控制，座談會就不同了，因為中午的時間比較不急迫，所以往往一討論就是四個鐘頭過去了（有一次是從下午的一點半講到六點四十分）。

結束之後，收拾一下，回家煮飯去了。畢竟我還是爸爸的女兒，先生的太太，兒女們的媽媽。通靈人，是人，和所有的人一樣，在為人一生的旅途上，擁有許多種的角色要扮演，沒有一絲絲的例外。因為祂們沒有肉體，所以沒有辦法頂替我的位置，代替我做「身為一個人在人世間該做的每一件事」。舉個最簡單的例子好了，祂們就沒有辦法替我吃、喝、拉、撒、睡，替我生、老、病、死——一個人在人世間必須做的事。

半。

「晚班」七點開始，煮了飯、吃了飯，再快步走到「鬱金香」，晚上沒有安排一對一，只有座談會。至於什麼時間可以打烊休息呢？最早是十點，有一次就過分了點，到十一點半。

通常在座談會結束之後，妹妹和妹婿收拾善後，而我則是在兩個保鑣——爸爸和先生的護送之下，三個人頂著路燈，一路慢慢的散步走回家。這時候的感覺眞好！好輕鬆！好滿足！只是從早上五點二十分開始到現在，我的一天就這樣過去了。

回到了家，並不代表我就可以休息了，因爲還得洗澡、趕稿子……。當然了，我不可能天天如此，除非我有鐵打的身體，但是撇開一對一（一個月大約四十個名額左右）的服務不算，每個月在「鬱金香咖啡屋」的座談會就有二十五場左右，再加上每個月都還得抽出三、四天到外縣市辦小型的座談會，別忘了！還得到醫院做實驗，所以，我的日子排得很緊湊，一點兒也不輕鬆。

在此特別聲明一下，每個月通靈服務的時間和名額並不固定，因爲我自己也有私人的事務必須處理，不過，我一定會將空暇的時間盡量挪出來，爲讀者們服務。至於鬱金香咖啡屋開店營業的時間，也和一般的咖啡屋有很大的不同，因爲它是爲我而開的，也沒有什麼外來客，所以，如果晚上沒有我的節目，那麼就會提早打烊休息，如果有座談會，座談會一開始（晚上七點鐘），就會停止對外營業。當我到外縣市服務時，咖啡屋也不營業，家人們就趁此休息幾天。很不公平吧！他們休息，我卻在外面奔波趕場。通靈一點也不好玩！

※　※　※

對了，先提醒各位，如果你掛到號，不管你是參加一對一的服務，或是參加座談會，都請你注意以下的幾點配合事項。

一、鬱金香咖啡屋有最低消費額，每人一百元的限制，也有供餐時間的限制，午餐：中午十一點半到下午一點，晚餐：晚上五點半到六點半。

二、在咖啡屋辦的座談會，時間一到，就會把各位的餐飲一律收走，包括開水杯，也就是說桌面是「淨空」的，所以請你盡量提早到，如此才能輕鬆的享用你的餐飲。

「因果」是個很嚴肅的課題，如果你能夠專心聽聽別人的因果故事，聽聽我的解釋，再聽聽別人實際的生活現況，「兩相對照或印證之下」，那麼我相信，當你離開鬱金香時，或多或少，可以為你自己開啓另一扇智慧之窗。

三、請不要遲到，一對一服務，我會等你十分鐘，但是座談會遲到的話，恕不服務，我希望大家都能夠學會「守時」與「尊重別人」的好習慣。

四、如果你已經掛號座談會，而又無法前來參加的話，那麼能否麻煩你事先打電話到鬱金香通知一下，好讓我們把你好心讓出來的名額，轉讓給其他有需要的朋友。我相信，這也是行善之一。你以爲呢？

五、如果是讀者自辦的小型座談會，請在約定的座談會時間開始之前，湊足規定的人數。如果你是組隊在鬱金香自辦座談會的話，假設約定的時間是晚上七點，那麼在七點整，必須最少要有十五個人到了現場（最多不超過二十人），我才會爲大家服務。如果人數不夠的話，對不起！當場取消座談會，我們會把場地費，每個人一百元的金額退還給各位。

如果你是屬於外地讀者自辦的小型座談會，也就是說，是我到你的地點服務的話，同樣的，在約定的時間一到，你那方面的人數湊不齊的話（最少十個人，最多十五人），也只好取消了。

我眞的就曾經這樣取消了好幾場，有的甚至於是我已經到達了對方的地點。沒有什麼好解釋的，頂多是我自己浪費了來回的時間和車費而已。不過，每次我都會覺得是老天爺故意要讓我休息的，趁著這個「撿來」的空檔，我可以很輕鬆的到處走走逛逛。一樂也。

這是我的堅持，我總以爲「守時」、「守信」應該是很基本的做人道理。在《鬱金香通靈屋》未出版之前，也許我可以放水一下，但是一旦出書了之後，對不起！我會堅持這一點的要求。

※　※　※

總是會有人打電話進來罵：「我懷疑你們一整天都把電話拿起來。」如果你也這麼想，那麼絕對歡迎到現場來看看。

每個月掛號的那一天，現場總是會有很多人議論紛紛的，很熱鬧，他們未必是要掛一對一的，絕大多數是到現場來挑時段，什麼時段呢？座談會的時段。因爲當掛號開始時，如果你在現場，就可以知道整個月所有座談會的場次和時間，當然你就可以當場挑你方便的場次參加了。萬一你是要掛一對一的，對不起！還是一樣，請你自己撥電話了。

十二月份的一對一服務，我只安排了三十六個名額。十一月三十日早上十一點整掛號開始，常常在店裡幫忙的小弟媳婦，也拚命的用自己的手機碰碰運氣。她就站在我旁邊，全台灣離我最近的一個人，居然沒有掛到號。幾個心疼她的兄姊們，也各從不同的地方幫她打電話——全部摃龜。

你可知道她爲什麼要掛號嗎?她想知道她和兩個小孩的因果關係而已。我是兩個小孩的大姑姑,非常的「踐」,一視同仁,小弟媳婦也只好和所有的讀者一樣——靠手氣,各憑本事了。

話說回來,第二通打進來的電話,你猜猜看是誰呢?居然是遠從地球的另一端——美國打來的,她排到一對一服務的那一天,剛好是她的生日,目前夫妻兩人都在甲骨文公司上班。更神奇的是有個孕婦,在報名一對一服務的短短幾分鐘內,她不多不少的居然打進來三通電話,掛到了三個名額。三十六個名額她一個人就包辦了三個,這還不打緊,她所用的電話竟然沒有重撥的裝置。可能老天爺對孕婦有差別待遇吧!

十月份的時候,有一對母女,一個在公司,一個在家裡,各自努力撥電話,結果兩人都掛到號了,不但掛到號,而且居然還是同一天的前後兩個時段。

十一月份的時候,那個月份我排了八十個名額,有個公司,總共有四個人掛到了一對一的名額。另一個公司,連同座談會,總共掛進來五通電話。如果你是老闆的話,每個月最後一天早上十一點到十二點的時段,給你一個良心的建議,不妨稍微監督一下公司裡的員工。來個「臨檢」!

過了年，一月十日，正好是我生日的那一天早上，妹妹突然對我說：

「姊！妳知道嗎？爸爸昨天晚上對我說，我好想問妳姊姊一個問題。」

「那妳怎麼回答爸爸呢？」

「我就對他說，那你也一樣要掛號。我接著問他說，你想問姊姊什麼問題呢？爸爸就說，他想知道他為媽媽做的墳墓，媽媽是否滿意。我就告訴他說，這個你就不用問姊姊了，問我就好了，我可以告訴你，媽媽一定很滿意的！」

怎麼樣！我的家人很可愛吧！

※　　※　　※

鬱金香咖啡屋是九十一年九月二十八日開幕的，剛開始時，弟妹們常罵我：「妳實在很跩！哪有人算命這麼不通人情的！」每個人都很好心的想為問事的人向我說情。也只不過是一個月的時間而已，他們就深刻的體會到為什麼我這麼不通人情，於是一個個比我更狠、更跩了。沒辦法，如果心不夠狠的話，他們的大姊一定會「過勞死」。

很多人常來參加座談會，但是，站在我的立場，並不歡迎這些人，如果他們只是來旁聽那倒無妨，如果是一而再、再而三的問問題，也許吧！也許有人會以為可以因此而和我變得很熟，對不起！我絕不是這種人，我一再強調我喜歡獨來獨往。

想想，有那麼多的人眞正需要我的幫忙，想想，我的時間、肉體那麼有限，如果你眞的看懂我的書，眞正願意學習做個有慈悲有智慧的人，那麼你應該不會來找我，我也不會認識你，但是你我的相知相惜，卻早已跨越了時空的限制。

※　　※　　※

爸爸、弟弟、弟媳婦、妹妹、妹婿、先生、孩子們……常常對我說：「妳看起來好累的樣子，不要算得那麼辛苦了，不要把自己的身體給累垮了，適可而止就好。」尤其是爸爸。天下的父母都是一樣的，自從媽媽走後，他自然而然的就把一部分的重心移轉到我身上。當他發現整個咖啡屋是靠我一個人在撐場時，他更是心疼不已，天天注意我的生活作息，注意我的「身材」、我的「面色」。

也許我的工作量早已超過了自己的體力所能負荷而不自覺，只因爲從小就是如此的個性——我的責任心很重，該我的角色所應該要做的，無論如何，我一定要求自己想辦法盡量做到；而只要是答應別人的，我也同樣的要求自己，不希望做個言而無信的人。所以，我有自知之明，我絕不會輕易答應別人的要求。

有一天，老爸又到店裡來接我回家，在電梯裡，我對著鏡子：「爸！你看！我的眼袋是遺傳你的！所以你才會覺得我看起來很累的樣子。其實我還好啦！還撐得住的。」就爲了讓他老人家寬心，讓弟妹們舒坦一點，爲了廣大的讀者，爲了自己特殊的能力，爲了我眞的可以爲別人做一點事，爲了不讓全家人爲我的身體擔心，我趕「時髦」去做了「去除眼袋」的美容手術。

祂們大概沒有算到我的通靈服務居然會走到這種地步——爲了讀者，爲了家人，拿自己的眼袋開刀。不過，也還不錯啦！也許我會變得更漂亮一點。只是這筆整形費用，我該向誰申請呢？祂們會付嗎？

不要對我太苛求好嗎？我已經很有心幫大家的忙，希望你也是個有心人。

※　　※　　※

「你們怎麼又來了呢？你們把鬱金香咖啡屋當成度假的地方了？」我對著連續三個禮拜六遠從雲林上來的一對年輕夫妻笑著問道。

「我們去做過心理諮商，五十分鐘就要兩千五百元，來這裡參加座談會只要餐飲費再加上一百元的場地費就行了，不但划算而且還更有效。」先生說道。

「我也去做過催眠，三個小時八千塊，可是並沒有效。」太太也加進來了。

「哈哈！你們很過分！現在才告訴我有這個行情！昨天我也在雜誌上看到電視上一個很有名的收鬼靈學專家有個網站，我特地上網看了一下，還好啦！一次六千塊而已。還有讀者告訴我，改個名字也只要三、五千塊就可以了！超渡一次也只要幾萬塊而已！我還以爲現在經濟很不景氣，看來根本就沒有這一回事嘛！」

「下次有機會我們還會再來！」臨行時，先生又抛下一句話。

「歡迎你們來參加，不過今天你們已經是第三次了，下次如果想要再來，一樣是要掛號，可是不能發問。」

※　※　※

有個女士帶著她的姊姊來到了鬱金香，以前我在木柵時，她就被我算過，只是這一次是陪姊姊來的。臨走前，小妹問她：「妳以前就被陳老師算過，妳覺得對妳有沒有幫助呢？」她這樣子回答：

「坦白說，上次從老師這兒回去了之後，我整整哭了兩個星期，想說自己怎麼這麼歹命。可是後來很認眞的想一想，老師講歸老師講，最重要的還是要自己會去反省，所有的改變還是要靠自己去努力才有用，如果只是想來聽聽老師講講話，知道過去世的一些因果故事，那麼乾脆不要來好了，因爲那樣對自己並沒有多大的幫助。」

另外有一個年輕的少婦也是一樣，她第二次也是陪姊姊一起來的，比較特別的是這個年輕的少婦第一次來的時候，當著她先生的面，被我罵得很慘，她是一個個性很固執，作風很強勢的女人（這年頭絕大部分的女人不都是這樣子嗎？），我覺得她對先生的要求實在是太過分了點。

「妳怎麼還敢來呢？妳忘了上次被我罵得很慘嗎？」

「我是帶我姊姊來的。我對我姊姊說，這年頭還有人願意這麼坦白的對我說實話，指出我的缺點，我覺得非常難得也非常值得。」

※　※　※

很多人說：「陳老師，妳的腦袋瓜眞的很奇怪！好像裝了好多好多的東西。」

也有很多人說：「妳這個樣子其實就是佛經裡所說的顯現神通。」

但是，有個人說：「陳老師，菩薩藉妳的身體顯現神通，可是妳知道嗎？祂們眞正的用意是什麼呢？讓一般人能夠輕易的看見神通的存在，其實，它就是危機來臨之前的一種警惕，一種啓示。妳難道沒有發覺在台灣這個小小的島嶼上，絕大部分的人，做人處事都失去了準則、失去了方向嗎？似乎所有的人都存著無所謂的心態在過活。妳說，可不可悲呢？」

＊回響

陳太太，妳知道嗎？去年的暑假，我和姊姊到大陸的絲路觀光，因爲看了妳的書，就是《如來的小百合》最後一篇〈敦杭〉，所以我們就指定導遊一定要安排參觀「楡林窟」。那個地方眞的是好偏僻，和敦煌的莫高窟比起來，實在是差太多了，不過那地方好特別，它的地形……。結果，妳知道嗎？

「我們想要參觀第十八窟。」我們對「楡林窟」的解說員說。

「啊！妳們是不是看了台灣伶姬所寫的《如來的小百合》，所以才要來參觀楡林窟的第十八窟？」那個帥帥的解說員這麼說。

「啊！你怎麼會知道呢？」

「因爲我阿姨有寄這一本書給我看。」帥哥笑著回答。

「結果妳們看到了沒有？」我很好奇的問。

「沒有，因爲管理鑰匙的人不在。」
「那你們有沒有到敦煌的莫高窟，看第一百五十八窟的臥佛呢？」
「沒有，因爲……。」
和她們比起來，我實在是太幸運了！

*不用還錢

第一次，是小姐先來參加座談會，回去之後告訴老闆說，陳太太算得很準。
第二次，是老闆自己一個人來參加座談會。
第三次，是小姐來參加「一對一」的服務。
小姐說：「陳太太，我們老闆上次從妳這兒回去之後，對著我說，陳太太說我欠你們家的錢，因爲是你們家上一世欠我的，所以這一世是你們家要來還債，陳太太還說，我可以不用還你們家的錢。」天啊！這是怎麼一回事啊！
「對不起！妳老闆是哪一位呢？我根本就不認識！再說我也只算家屬之間的關係，我不會去調妳老闆和妳家人之間的因果，妳別被他給騙了！」

*座談會的好壞

任何一場座談會，我都自認爲很用心、很仔細地爲每一位參加者解說清楚，然而座談會的「效果」如何，就見仁見智了。這裡所謂的效果，是指參加者是否能夠從座談會中得到因果輪迴轉世的常識。依我的經驗，每一場座談會的效果，取決於參加者。

從九十二年十一月份開始，我取消自辦的座談會，爲什麼呢？因爲我發現來參加自辦座談會的朋友們，大都彼此認識，基於「物以類聚」的原理，同質性太高，所以每位朋友的「因果故事」背景都相去不遠，因此，如果想要從別人的因果故事中，學習到一些東西的話，實在是有點困難。

如果是公辦的座談會，那麼通常都會很「熱鬧」，因爲可以聽到許多不同的故事，我也會很努力地解說，希望大家能夠了解因果輪迴轉世的運作，進一步改變自己的所作所爲，爲自己的所作所爲負責。「投入才能深入，付出才能傑出」，不是嗎？

我最喜歡看到老人家來參加座談會，因爲他們的人生歷練就是智慧的表現。如果一場座談會中，什麼年紀的人都有的話，就絕對不會冷場，一定可以聽到有人會代我「教育」其他人，有人會互相辯論、互相安慰，有人會適時打圓場或加油打氣，有人會提供資訊、提供建議，有人會適時伸出援手，把衛生紙遞過來，有人會說出自己的經驗談……。

「我兒子好調皮，好愛搗蛋。」「小孩如果不調皮不搗蛋，就要煩惱了！」

「我兒子一天到晚只會打電腦。」「哪一個正常的小孩不打電腦！」

「我和先生的感情越來越淡。」「加減過日子嘛！」

「我和先生完全不能溝通。」「告訴我，有哪一對夫妻溝通沒有問題呢？」

「我女兒不愛念書，只愛打扮。」「沒有幾個孩子會自動念書的！」

「我的小孩上了國中就不聽我的話了。」「很正常嘛！叛逆期！」

「我先生都只會稱讚別的女人。」「家花沒有野花香！」

「兒子跟女友交往，根本就不聽我的意見。」「結婚有通知你就不錯啦！」

「我婆婆的眼裡只有我先生。」「妳將來對媳婦也一樣會是如此！」

「先生如果不好，何必結婚呢？」「我們傻傻的結婚，也沒有差到哪裡。」

「妳的建議和孩子讀的科系差太遠了。」「我念會計系卻變成通靈算命！」

「我和先生在家裡都不講話，各過各的生活。」「那叫做熟悉的陌生人。」「要結婚就趁早，不要拖。」「否則孩子的叛逆期會碰到父母的更年期。」「我們全家人都相處得很糟糕。」「夫妻相處如冰山，親子溝通像火山。」「我好缺錢，老是賺不到錢。」「最貧是無才，最賤是無志。」「要怎樣才能和愛人白頭偕老呢？」「害死他，下一世就可以白頭偕老。」「如果歲月中少了愛情的話，那麼人生就會由彩色變黑白。」老天爺說的。

我好喜歡這樣的場面，大夥兒完全打成一片，也許有人都沒有開口表示個人的意見，但只要「聆聽」就夠了，就可以從衆人身上學到好多學校不會教過的智慧，包括我自己，也常常從衆人的生活歷練中，得到好美、好眞實的智慧累積。從衆人身上學到的，是各個階層、不同年紀、眞實人生的寶貴經驗，至於因果的理論，大家還是會留給我作說明。

＊五一紀念日

「請問一下，你們那邊是不是鬱金香咖啡屋呢……。請問一下你們那邊算命的費用怎麼計算呢？」

「你有什麼問題嗎？」我問。

「因爲我有一個朋友，她有很重要的問題想要問陳太太，可是她的經濟很差，她怕收費太貴了付不起，所以拜託我打電話先問淸楚。」

「喔！如果你是報名參加座談會的話，因爲我們這裡是咖啡屋，基本的消費額是每人一百元，另外再加上場地費一百元，所以最少要花兩百元。每一個掛到號的朋友，都可以問兩個問題。」

「啊！眞是太慈悲、太感謝了！這麼便宜！我的朋友就可以參加了！」

可知我那時候的心情嗎？

民國八十一年初的時候，我開始通靈，於是就到處走動，幫別人問事。後來我想，這不是好辦法，因爲實在沒有時間可以照顧我的家庭，於是我想找一個地方讓自己定下來（那時候，就已經有人勸我蓋廟了）。最後決定就在自己家裡的客廳爲大家服務，但是要選哪一天作爲正式的「開幕日」呢？祂們說：「隨妳自己決定吧！」

結果我選了五月一日，爲什麼呢？因爲那一天是勞動節。我認爲有錢的人，一定有辦法可以花大錢找「大師」問事，那些有問題卻沒有錢的弱勢者，又該怎麼辦呢？我內心裡眞正想要服務的對象，是一般的平民老百姓，既然如此，那麼五月一日不就是最好的「開幕日」嗎？

於是從民國八十一年五月一日起，我開始在土城的家中爲人問事服務，也是從那一天開始，我就利用電話預約掛號，直到今天，都沒有改變。

＊國外回來的讀者

越來越多國外回來的讀者找上我，就像我到美國開座談會一樣，我愛上他們講話的音調。不知道是不是因爲這些人常講外國話，所以，再回頭講國語或台語的時候，總是帶著一點點的腔調。我愛上的不是這一點點不同腔調，我愛上的是他們說話時那種輕輕柔柔，不疾不徐的口氣。

也許台灣地處亞熱帶，大夥兒因爲氣候的關係，火氣大了點，講起話來，動不動就很大聲。這種聲嘶力竭的說話方式，家裡有，市場有，股市有，棒球場有，立法院有……，就連學校都得用麥克風。除了口氣大了點之外，連動作也不小，肢體語言、大打出手，到處都可以看得見。

在鬱金香咖啡屋裡，我注意到自己也在改變中，講話的聲音越來越小，不是沒有元氣，而是我覺得講慢一點，講小聲一點，是一件很舒服的事，只要在場所有的朋友都能夠聽得到就行，實在沒有必要放開嗓門大吼。

以前我只注意到，走路太快的人似乎比較勞碌命，如今我又體會到，講話的音調如果能夠降低一點，速度能夠放慢一點，那麼日子似乎可以過得很隨興、很自在。大自然不就是如此嗎？爭什麼呢？急什麼呢？我只強調日子不要用混的，並沒有說一定要加快生活的腳步。

＊全台灣最會講故事的女人

有一天，心血來潮想到一件事：「為什麼《聯合報》沒請我寫專欄呢？」那一天，我總共想到兩次，早上一次，晚上又一次。

隔兩天，聯經出版公司的林主編來電話：「《聯合報》心靈版想請妳寫專欄。」「好啊！」

我一點都不覺得驚訝，反正這種「心想事成」的例子碰多了，我也很習慣。這種「想到」就會「成眞」的現象，已經見怪不怪，反而害得我「不敢胡思亂想」，只敢正思、正念、正行。我常想，祂們實在是有點「溺愛」我了，常常「如」我的「意」，祂們對我的這種態度，是不是也會阻礙我的成長呢？

又隔一天，趁著座談會的時候，我胸有成竹的對來參加座談會的朋友說：「《聯合報》想請我寫有關心靈方面的專欄。這對我來說很簡單，大家想想，一天就有幾十個故事可聽，就算去掉一些沒什麼大不了的因果故事，一天要交出一篇，也難不倒我。」

「很好啊！因爲妳是全台灣最會講故事的女人！」一位目前是執業醫師的讀者，當場就爲我加油打氣。

寫了幾篇先讓對方過目，沒想到卻慘遭滑鐵盧，對方覺得我的文章「過於淺白」，這一來倒把我給弄清醒了，原來我的文字「差」到這種程度。對方認爲可以利用其他的方式完成專欄，例如，請記者每星期訪問我一次，再由記者執筆，但是被我拒絕，因爲我不想失去我的「原味」。

後來我把國內幾個大報拿來看看，怪不得會嫌棄我的文章，原來，自己是個太過務實的女人，不懂得花稍。不過，在出版這本書前，報社主編又來電說會刊出專欄，「心想」果眞「事成」了。（註：只刊了兩篇，就沒有下文了。）

＊兩年的期限

鬱金香咖啡屋隔壁廣告招牌店的帥哥老闆，有一天對我妹妹說：「妳姊姊眞的只做兩年嗎？」妹妹回答他說：「我姊姊是這麼說沒錯，她在書裡也有說明。」老闆又說話了：「到時候大家來個連署，她就得繼續做下去了！」有夠天眞可愛的帥哥老闆！

這是眞話，我眞的只想在鬱金香咖啡屋服務兩年，現在的我，都已經開始數饅頭了（可以開始數饅頭，實在是很快樂的一件事）。也許各位沒有想到我的身體狀況，我是屬馬的，虛歲已經五十歲了。歲月不饒人，不是我怕老，也不是我的身體差到哪裡，而是我想走更長遠的路，所以我必須要學會「休息」。休息，不就是爲了走更長遠的路嗎？

＊龍的傳人

如果有人問我下一步棋怎麼走？我會回答：「我想到處走走！」至於走到哪裡去呢？我會回答：「有中國人的地方！」

因果輪迴轉世的討論，一般而言，似乎比較偏向佛教或道教的理論，但是我所了解的「因果觀」卻不是如此。我傳達的因果輪迴轉世，完全脫離「宗教」的行列，它很單純，只是一種面對生活所該有的態度而已，一點都不玄，很容易就可以了解，幾個字就可以道盡：「善有善報，惡有惡報，不是不報，時間未到。」

因果的觀念我略懂，但是我的外文能力卻差得很，如果要爲外國人服務，那麼就得有個人與我同步才行，可是我還是喜歡一個人獨來獨往，不喜歡被「綁架」、被「跟監」（對不起！我用了這麼嚴重的形容詞，因爲我實在很不習慣照著別人的要求過日子）。如果只到有中國人的地方，那麼我就可以很輕鬆的爲大家服務了。

中國人分布世界各地，我可以服務的對象一定很多，用自己了解的語言說話，用自己熟悉的文字寫作，輕輕鬆鬆的，就可以把自己心中所有的意思完全表達出來，多快樂！

通靈就是要這樣，最好是「接收」到什麼，就直接「翻譯」出什麼，一點都不保留，只要通靈人能夠學會完全放空，老天爺自然就能夠完全放手。

美國加州行

一個小皮箱，簡簡單單的就上了飛機，來到地球的另一端，距離上一次踏上這一塊土地，已整整二十一個年頭過去了。

不管是初到洛杉磯，還是回到台灣，大夥兒最訝異的是：「妳怎麼都沒有時差的問題呢？」是啊！我怎麼都沒有時差的問題發生呢？答案是——我沒有那麼好命，所以沒有那麼多的時間和體力可以浪費！

「妳難得來美國一趟，什麼地方都沒有去玩，好歹也該看一看舊金山大橋吧！」

「如果舊金山大橋比我二十一年前來的時候，多了或少了一個橋墩的話，我就再去看一次！」我回答朋友的問題。

「那倒是沒有！」

「所以何必多此一舉呢！既然有那麼多人想知道因果是怎麼一回事，乾脆就把所有可以利用的時間，統統安排座談會吧！」

這就是我——一切按照我的要求，談妥之後再成行，不辦「一對一服務」，不被「包場」，不被「帶出場」，除了上電視、電台，接受訪問之外，絕不參加任何應酬節目。想要參加座談會的朋友們，就按照報名時間的先後次序決定，額滿爲止，若有人臨時取消，再依序遞補。

爲什麼我要如此堅持呢？很簡單，唯有保持最佳的體能狀態，才能全神貫注的爲大家解釋因果的一切。如果我的時間和體力允許的話，能夠多辦一場就辦一場。想想，台灣、美國兩地之間的距離，一趟路途那麼遙遠，所需要的費用那麼高昂，有能力可以幫助別人的時候，爲什麼還要遲疑呢？

因果座談會

從八月二十一日中午到達洛杉磯，直到八月三十一日離開舊金山，總共辦了十四場的座談會和一場演講，一共二百三十五人有機會知道屬於他們自己的因果故事。至於旁聽的人有多少呢？我也不知道，反正每天早上九點半一場，約中午一點半結束，下午兩點半再一場，大概到六點半結束，然後坐車到餐館用餐，飯後再坐車回旅館。當踏進旅館大門時，往往是九點以後的事，一天就這樣又過去了。

負責整個活動的聖荷西市長青書局老闆這麼說：「我一輩子從沒接過這麼多的電話，一整個早上接電話，接到我的手都軟了，兩支電話也都沒有電池了！」唉！就只因爲我接受了北加州KTSF電視台史東先生主持的「話越地平線」現場節目，和接受星島中文電台陳又愷小姐的訪問。

因爲這兩個節目的播出，只好特別租借當地的「僑教館」，開放三場座談會，讓對「因果輪迴轉世」有興趣的朋友們旁聽。第一場租了兩間教室，第二、三場就必須租三間教室了，沒有座位的朋友們也只好站著旁聽。每一場座談會結束之後，總會有好多人圍著我，想要問問題，可是我的時間眞的是很有限，無法多留幾天，多辦幾場（因爲九月份台灣的場次已排妥）。

對那幾場有權利發問的朋友更是抱歉，因爲我把他們的「隱私權」給忽略了，在此，請接受我的道歉與謝意，就因爲這些朋友毫不畏懼的「公開」發問，毫不保留的「公開」印證，才有機會讓現場那麼多的朋友，親眼見識到「因果」到底是怎麼一回事。

謝謝這幾場座談會發問的朋友，也謝謝所有來旁聽的朋友，他們有的來自台灣，有的來自對岸，有的來自東南亞，有的就在此地出生……。很多人看不懂國字，但是我們都用同一種語言在交談——「國語」。來自台灣的，我覺得很熟悉、很親切；而來自其他地區的朋友，對我來說，那是一種非常奇特的感覺，我好想爲他們多說一點，好想拉近彼此之間的距離。

在因果的研討座談會中，「統與獨」已不存在，只剩下「善與惡」。我們彼此關心、彼此勉勵，沒有省籍也沒有疆界之分。在人生的旅程中，有好多好多的功課，正等著我們去學習，有好多好多的人群，正等著我們去服務，並不需要用「政治」兩個字來加以解讀。

知道嗎？十四場二百三十五人，一人收三十美元，扣除我的機票、旅館費用、十四場座談會和一場演講的講師費用，以及租借場地費之外，居然還有三千七百一十美元的結餘。這筆結餘的錢和我一起回到了台灣，捐給新竹縣關西鎮私立天主教華光智能發展中心。

這些天我吃些什麼？誰接送我？眞是多謝啦！長青書局老闆何健捷先生、老闆娘何露茜女士，以及他們倆在台灣、美國兩地的朋友們！喔！我忘了！還有一個重要人物——世界日報洛杉磯社圖書部業務組的金小鈴小姐。

談談環保，美國的旅館裡，沒有牙刷、牙膏，也沒有梳子、刮鬍刀，更沒有拖鞋，但卻備有燙衣架和電熨斗。盥洗台和床頭櫃上，各有一個警示標語"SAVE URPLANET"，說明住宿的旅客應該如何配合，才可以節省用水，以拯救我們有限的地球資源。

這裡的中國人，因爲地方大，計程車又非常少，如果沒有車子，就像少了雙腿一樣，往往開了一整天的車，跑不了幾個地方，也辦不了幾件事。穿著簡單、應酬稀少、生活單純得很，但是壓力卻很大。女人獨立、勇敢、抗壓性大，離婚容易，但養育孩子卻很費心。

生活的花費又是如何呢？《如來的小百合》、《茉莉花的女兒》定價是十七美元，《蓮花時空悲智情》、《鬱金香通靈屋》是十九美元，台幣約五十元的蛋糕一塊，售價是三美元左右，在台灣一碗一百元左右的牛肉麵，大約是賣五美元。

在這麼多場座談會中，我發現一件很奇怪的事情，那就是，在調閱因果畫面的時候，出現很多「國外」的場景，也就是說，出現了很多屬於歐美生活中的背景畫面，那是在台灣通靈服務時，不太容易發生的事情。也許吧！也許住在外國的中國人，在過去世，就曾經當過

「外國人」。

只是巧合而已

在南加州的最後一夜，大夥兒正愁著不知該用什麼餐點好的時候，我隨口說：「那就到昨天晚上我們吃不成的那一家吧！」原來，前一晚友人介紹這附近有一家法國料理很不錯，很不巧的是，當車子開到店門口時，卻發現正逢該店的休息日。「沒問題！說走就走！」那是位於阿卡迪亞(Arcadia)的百合(Lily)咖啡屋。

怎麼會這樣呢？咖啡屋內兩旁的牆壁上掛著圖畫，其中有三幅是「花」，一幅是直接畫在牆壁上的蓮花圖，一幅是鬱金香，另一幅是玫瑰花（一個月前，朋友就已經知道，我的第五本書要用玫瑰花命名），而這家店的店名就叫做百合，那茉莉花呢？在店裡找了老半天，就是找不到任何和茉莉花有關的東西。「有什麼好找的呢？妳自己不就是茉莉花的女兒嗎？」

咖啡屋的老闆是個台灣人，朋友開心地和他談起這個巧合，老闆說話了：「我帶你們到二樓參觀一下！」他開了燈，一行人跟在他身後上了二樓。

「啊！」

「啊！」

「好漂亮啊！」

「怎麼可能會有這種情形呢？」

「怎麼會有這麼巧的事呢？」

兩旁的牆壁上，一樣是同一位畫家Mr. Summer（上海藝術學院的有名畫家）所畫的傑作，只是二樓所展示的，全都是……。全都是仿敦煌莫高窟的佛陀和飛天畫作，更稀奇的是，他是在宣紙上畫油畫。一剎那間，我已不知身在何處了！

※　　※　　※

接下來的這一段就有點神奇了，請相信我！絕不是我的錯！一定眞的是個「巧合」。

在中正機場上飛機前，我和朋友聊到一件事：

「我告訴妳，昨天晚上我好可憐，妳以前就知道，我家的電腦還有我房間的電燈，老是喜歡和我過不去，就連去朋友的辦公室，也常會發生莫名其妙的事。好啦！這回我想開了，再買一部新電腦，手提的還給我先生，新的讓給孩子們，舊的就由我來接手。不過因爲我的這一部沒有連線，所以想上網的時候，還是得用新的電腦。昨天剛組裝完成的新電腦，又被我搞砸了，小女兒和兒子只好在電腦周圍綁了一條布，禁止我這個老媽靠近，害得我只能站在房間門口往內探頭瞧瞧，不敢越雷池一步。」

朋友聽得好開心，還很得意的告訴她隨行的兩個孩子：「我告訴你們，阿姨……。」

上了飛機，不到五分鐘的時間，後座的孩子拍拍我的椅背：

「阿姨！電腦壞了！」

「什麼？」

「剛剛我打電動還打得好好的，現在都不動了，什麼畫面也沒有了。」

向四周看了看，是啊！所有座位前的小螢幕統統沒畫面了。

「我坐飛機坐這麼多次，從來沒碰過這種情形！」朋友說話了。

「我也沒有！」

「我也沒有！」兩個小孩異口同聲的說。

天生愛追根究柢的朋友，揮揮手，把空中小姐給請來了：

「請問一下，這電腦是怎麼一回事呢？」

「我們也不知道爲什麼電腦會突然出現這種狀況，值班人員現在正在修理當中。」

「以前有沒有發生過這種情形呢？」

「沒有！」

朋友一家人對我使了個臉色，天啊！關我什麼事！我相信，這種情形絕對不是沒有發生過，只不過是我們這四個人都沒有碰過而已。

如果還有機會搭飛機，再度踏上那塊土地，我想走一趟我曾經去過的地方——「大峽谷」，我想在那兒住個幾天，二十一年前，就是它改變了我的人生觀——「和大自然比起來，人類實在是太渺小了，短短的一趟人生旅程，又有什麼好計較的呢？」

（註：在《滿天星的故事》出版之前，我總共到加州三次，可是，卻沒有一次有空出外走走，因爲所有的時間都被座談會排得滿滿的。）

第一次：結餘三千七百一十美元捐給新竹縣的華光智能發展中心。

第二次：結餘加上讀者的捐獻，總共八十多萬元台幣捐給創世植物人安養院。

第三次：結餘加上讀者的捐獻，總共一〇三萬元台幣捐給南投縣博幼基金會。

宗教的迷思

因果輪迴轉世的最高主宰者

在台灣，每個有投票權的公民各自用神聖的一張選票選出了立法委員，而這些「被」選上的立法委員就制定法律、審核法規。他們總是有一大堆的「法」要處理，爲什麼呢？因爲時代一直不停的在變動，所有的法必須能夠適時適人適地，所以必須不斷的調整。當他們審廣電法時，我不在乎，因爲似乎和我不太相關；他們審電玩法時，我也不在乎……可是當他們審有關自來水、瓦斯要不要漲價時，我就會買報紙來看個明白；他們談論教育改革時，我也不敢掉以輕心，因爲我有三個尚在就學的孩子。

立法委員必須處理一大堆的法案，只是絕大部分的人都和我差不多，以爲和我們沒有關係、沒有影響的法案，就不會去在乎它，就把它給忽略了。但是深一層的探討，其實幾乎所有的法案都和每一個人民有關係，只是影響層面的多寡而已。

因果輪迴轉世也是如此，我想，那也許是宇宙間某幾個不同的時空各自推選出代表，然後再一起共同討論所制定出來的「轉世法則」。這個法則大家都必須共同遵守，做人做得很好可以上所謂的天堂，做得很差也許就必須下所謂的地獄；菩薩在天堂做錯了事一樣會被貶下凡塵，小魔王改過向善照樣也可以轉世爲人。

所以在這個相關的大宇宙中並沒有一個有實權的主宰者，眞正的主宰者是你、是我、是我們自己，也沒有那一個所謂的「高層的靈」在遙控、主宰著我們，我們所受制的乃是我們自己所推選出來的代表所共同制定的法律而已。那麼，那些所謂高層的靈又該要如何解釋呢？很簡單！先動動腦想想看，立法院的立法委員通過了法律，接下去就是要執行了，誰去執行呢？行政院。執行不好的官員又該如何呢？那是監察院的事了……。總統是我們人民用選票選出來的，行政院長是……。

不難吧！宇宙間的組織有那麼複雜嗎？那麼難懂嗎？祂們眞的是那麼高高在上嗎？祂們

有那麼大的權力嗎？沒有！絕對沒有！祂們就好像是行政院這個執行單位行政體系之下所屬的官員吧！祂們是我們的公僕不是嗎？只是祂們亮出來的名片是「公務員」，執行公務的人員，在「天堂」這個行政院的辦公室任職上班而已！也許要有個一官半職確實是要有點內容有點本事，可是你、我、他，大家都可以向祂們看齊，都有機會到天堂上班。如果您還是搞不清楚，請回頭看看《如來世1——通靈經驗》的〈祂們的不同〉那一章吧！

如果您了解了我所說的這個道理，您就會知道，生而為人是多麼幸運的一件事，也希望您珍惜您在人世間每一個神聖的投票權，好好的想清楚想明白，每一張選票眞的是再神聖不過了，因為積少成多的時候，這些選票可就大大影響了你我的現在與未來。不要以為一張選票沒什麼了不起，決定成敗的關鍵，往往就在你我的這一張選票。

安心

有位女士第一次見面時，我為她解答了一個她多年來的迷惑，此後她就常常問我問題。每次她總是這麼開頭的：

「陳太太，我知道我應該自己思考不應該再問妳問題，但是這個問題困擾我很久了，我想了之後還是鼓起勇氣再請教妳，妳能不能告訴我……。」

「我覺得妳只是沒有把妳自己的心安住而已，所有的事情其實都很簡單，不需要問爲什麼，不妨自己找個答案、編個故事，只要找一個能夠讓妳自己安心的理由就行了。」最後一次我是這樣說的。

我想到我自己，這麼多年來，好多好多的人問我同樣的一個問題：「陳太太，祂們爲什麼要找妳通靈呢？」這麼多年來，我也同樣的從來就不問祂們這個問題的答案到底是什麼。一定需要有答案我才能夠做得下去嗎？就好像做父母的一定要事先知道兒女的將來有沒有成就才願意生養他們、教育他們嗎？

第一次有人問我這個問題時，我不假思索的就回答：「有可能我過去世是個很不負責任的老師，不但常常遲到早退，而且還不能因材施教，所以在這一世裡我只好乖乖的一個一個苦口婆心的慢慢教慢慢還，除此之外我還必須以身作則做個守時守信守法的好榜樣。」這個單純的理由讓我整整的熬過了前五年。

第二個五年才剛開始，祂們就陸陸續續強迫我看一些屬於我自己的過去世因果（請看

《如來世1——通靈經驗》的〈屬於我個人的因果故事〉那一章），知道了這些故事之後，我又多了一個支撐我繼續通靈下去的理由，原來我好多世都是在年紀小小的時候就夭折死掉，難怪我的思想像小孩子一樣非常的單純，個性直來直往，不會拐彎抹角。當然了，這種人絕對是最佳的通靈人選，因爲有一只會說一，絕對不會說成二。

多棒！光是這兩個我自以爲是的理由就把我自己的心給安住了。您呢？您是怎麼爲自己找個活得下去的理由，編個撐得下去的故事呢？難嗎？給自己多一點點鼓勵和掌聲吧！多愛自己一點點，多關心別人一點點，老天爺要您來轉世就是看重您，看看您的功課能不能自己完成，看看您能不能圓滿祂們對您的期望，不管是來報恩、還債，還是來修行……什麼原因都不重要，完成了多少更不重要，最重要的是您的態度，不要忘了！最重要的是——「態度」。

就算您現在已經得了醫不好的絕症，您能爲自己安心嗎？不妨告訴自己：「老天爺就是打算將來的某一世讓我能夠成爲一個良醫、成爲一個養生專家、成爲一個助人爲樂的義工……，所以祂們提早在這一世讓我有個親身體驗的機會。」多榮幸啊！爲什麼不趁著有生之年盡量吸收一點和自己病情相關的知識呢？想想，如果有來生自己又該怎麼注意飲食和運動呢？就算沒有來生，「學習」的本身就是一種滿足，不是嗎？

也許時間並不多，也許體力負荷不了，也許精神狀況非常非常的差，但是還是可以給自己一個理由，一個可以讓自己有意義走完這一趟「人生之旅」的理由。如果實在無法找出一個理由，也一定還有最後的一個理由——「祂們希望藉由這一世的病痛，讓我自己親自體會到注意自己身體健康的重要性。」如果您心有所悟，就算您是在生理上極端痛苦的狀態下死亡的，我相信到了下一世，您一定比一般人更在乎更重視身體的健康。

很多人問我一個問題：「請問老天爺要我來轉世，那麼在這一世裡祂們希望我學會的是什麼樣的功課呢？」

也許我會這麼回答您：「有什麼問題嗎？您難道不會為自己出功課嗎？」

也許祂們的回答更妙、更帥：「最高竿的功課就是——考考你們會不會自己替自己出個題目，然後再考考你們會不會自己想辦法作答！」有沒有這個可能呢？

百分之百「有！」

轉世變成蚊子

常常聽到有人說：「你一定要好好修行，否則下輩子轉世變成畜生變成動物變成昆蟲，那時候你就慘了！」果眞是如此嗎？轉世變成菩薩就一定是修行很高竿的嗎？就好像是在行政院上班的高級官員一樣，他們的生活品質、思想行爲、待人處事就一定比一般人更高尚嗎？

我舉個例子，有個小士兵扛著機關槍上戰場，戰爭開始了，他被分派在第一線，敵方的軍人排山倒海的衝了過來。能有第二種選擇嗎？除了用機關槍拚命掃射之外，他還有第二種選擇嗎？

有！他可以拔腿就溜！但是，來得及嗎？就這樣，拚命的掃射，除了掃射還是掃射。最後，他打死了多少人他也不知道，因爲連他自己也歸天了。

假設人死後必須經過總「考核」（姑且不用「審判」這兩個字，因爲似乎太嚴肅了點），考核官說：

「你不必太難過了，雖然你槍殺了那麼多人，但是這是戰爭時的無奈，並不是你的錯。不是你愛殺人，而是那些有權力發動戰爭的高級長官的不是，所以我們不能把這些敵人的死亡全部都記在你的因果帳簿上。」

這個傷心欲絕的小士兵說話了：

「我覺得我還是犯了很大的錯，因爲這些人跟我無冤無仇，我根本就不應該掃射他們的，我應該拔腿就跑才是，我寧可選擇自己被敵人殺死，也不願意看到我自己去殘殺別人。」

考核官心想：

「我該怎麼辦呢？明明他就沒有錯，可是他卻一直自認有愧，如果就這樣讓他去轉世爲人，我猜想他下一世的潛意識裡也一定會自認爲是個殺人魔王，搞不好爲此而走上了自殺的命運。一旦心理沒有建設好，若是自殺變成了習慣，那麼這個人從此不就完了嗎？這樣一個慈悲的人，我該如何處理才能讓他內心無愧而且活得很自在呢？」

「既然你自認爲有罪，那麼我問你，你願不願意去償還這些人命的因果債呢？」

「我願意！我願意！唯有償還之後，我才能夠心安！」

「好！我就如你的願吧！你就一世還一條人命吧！」

考核官在審核表上的「轉世項目」欄內蓋上了四個字——「昆蟲，蚊子」。

一連好多世，這個小士兵都轉世爲蚊子，每一世都分別被他用機關槍打死的人打死。他的每一世都好短好短，也好慘好慘，死得血肉模糊，可是他很快樂，還不到人世間的幾年工夫，他又轉世爲人了，好漢一條。

這個小故事能夠帶給您什麼啓示呢？

「尊重生命！」還有呢？

我以爲「不用擔心下一世會輪迴轉世到那一界那一道，任何一界、一道都是修行的好道場。」您以爲呢？

帶業往生

每次只要是碰到這個題目，我就頭大，有什麼好辯的呢？可以帶業（這個業指的應該是惡業而不是善業）往生也是會死，不可以帶業往生也是會死，有什麼不一樣的嗎？您說當然不一樣了，因爲您想往生到極樂世界，因爲您有業所以您才會擔心這個問題。請問一下，如果您沒有造惡業，哪來什麼帶不帶業的煩惱呢？所以不用和我爭辯這個問題，只要把爭辯的時間和精力花在不造惡業上，就是阿彌陀佛了。

經書怎麼寫我不知道，上師怎麼說我也不知道，我只曉得我的通靈經驗似乎是告訴我不能夠帶業往生，因爲帶業往生的修行法實在是太不實際了。如果您還是堅持能夠帶業往生，那麼現在我就從可以帶業往生的論點說明我的看法。

有人說往生極樂世界之後，先修行，修到心較平氣較和之後再來還債，那麼就比較會心甘情願，也比較不會再度傷害到對方。說的有理。如果有人欠你一百萬，對方告訴你等他存夠了一百萬之後再一起還你好呢？還是你覺得每個月一萬一萬的還你比較保險呢？我不知道您的決定，但是如果換成是我，我不知道我還能活多久，我也不知道欠我錢的人，是否有存到一百萬的一天，並且願意還給我……。

所以，如果換成是我，我寧可選擇對方每個月還我一萬塊錢，能拿回多少就算多少。你可以說我太現實了，但是我必須講清楚：「對不起！因爲我是個債權人不是債務人！你想保護你自己，我又何嘗不想保護我自己呢？」現今的銀行房屋貸款不就是如此嗎？更何況還有利息的問題應該要加進去討論（因果債的早還與晚還確實也牽涉到利息的計算）。

因果的輪迴轉世鼓勵改過自新的債務人（加害者），但是它的前提是絕對不能也絕對不敢忽略了債權人（被害者）的權益。是啊！一大堆的人權主義者強調要保護加害者（犯罪者）的人權，但是他們可以不理會受害者的人權嗎？絕對不行！存活的加害者有人權，存活的被害者和被害死的被害者，難道就沒有了人權嗎？放心好了！這一世他們的人權被忽略了，來生總一定會有機會討回公道的。

想想今天如果房屋貸款繳清了，那一定是大事一件，因爲我可以重新規劃未來，我可以好好支配所賺的每一分錢，我不用擔心因爲景氣不好或被炒魷魚而繳不起房貸……總歸一句話，那就是──「無債一身輕」。就算我每個月所賺的錢只夠我生活所需，那又何妨呢？起碼我無須擔心因爲繳不出房貸而房子被拍賣。這個舉例不曉得您可以接受嗎？

好！如果眞的能夠帶業往生，那我所知道的訊息是這樣的，也許上面有個專門爲這種人而開的學分或課程，上課的第一天老師如是說：

「各位同學，歡迎你們主動報名加入我們這一班，這是一班專門爲上學期需要補考（帶惡業往生）的同學而開的暑期先修班，各位的勤學態度我們給予最高度的認同。話說在前頭，因爲各位同學所需要補考的科目（所帶的惡業）各有不同，再加上各位同學的資質與學習態度也各有程度上的差別，基於這幾點所以我們不太容易編製教材，只好從最簡單的、最基本的課程開始教起，因此對那些程度比較好的同學就只好說聲抱歉了。」

「等先修班所有的課程結束之後，不要忘了，這個先修班照樣是要經過考試的，另外各位也別忘了上學期你們各自需要補考的科目還在等著各位呢！當然了，也許先修班所學的內容可以彌補或加強你上學期的不足，但是也許也有可能因爲時間有限的關係，各位所需要補考的科目反而被你自己給忽略了或遺忘了。」

「站在學校的立場一直都是這樣的，先修班的課程你可以選擇上，也可以選擇不要上，但是上學期你該補考的科目無論如何都還是要補考，而且補考的時間沒有改變。如果補考不及格就是不過，就是不能升級，也許還得留級。」

「根據我們的經驗，我們比較傾向於建議各位同學在暑假這段期間，好好的重新複習需要補考的科目，在開學之前先將所該補考的科目考過了之後（所欠的惡業先還完），等到新的學期開始，就算你沒有上過先修班都沒有關係，因爲既然補考通過了，各位自然就可以很放心很努力的去修習下學期你所想要學習的課程或學分了。」

自主輪迴

眞的有人可以自主生死、自主輪迴嗎？也許吧！我一向是個喜歡動腦筋又愛唱反調的人，所以總想找出一個自認爲與衆不同又沒有瑕疵的滿意答案才肯罷手。我不想從經書上找答案，我就是想自己動動腦！我不想要知道過去的高僧大德怎麼說或經書上怎麼寫，因爲經書是口述又經過層層的翻譯，佛陀眞正的原義可能……。

我比較想確定的是——這些觀念的答案應該是可以禁得起時空的改變，如果不實用就該修法或者乾脆重新制定新法。時代是朝著自由民主平等在前進，地球上是如此，其他的時空大概也應該是如此吧！

也許在以前的君權人治時代，君王就是法律，他說什麼就是什麼，就算不對也要照樣去做，所以皇帝是世襲。但是時代一直在變，就像我在《蓮花時空悲智情》的〈問與答〉那一章中所說的，如果西方極樂世界一直是如佛經上所描述的，那麼祂們實在是……，一點進步也沒有。

或許吧！每次我努力想看佛經，偏偏一下子就昏昏欲睡，我只好爲自己看不下佛經而找藉口，也許是祂們怕我被佛經所誤而找不到西方極樂世界。

那麼我的想法又是如何呢？我以爲應該是說可以「申請」、可以「選擇」自主生死、自主輪迴的。爲什麼說「申請」、「選擇」呢？就像你想考大學、考高普考、想要去美國留學、想要應徵工作等等，總都會有學歷或經歷或其他條件的限制或要求吧！反過來說，有這些條件的人卻未必一定都想要考大學考高普考想留學……。同樣的，如果說因果輪迴轉世是多重宇宙間所共同制定且必須共同遵守的法則，那麼大概沒有幾個「人」可以例外吧！說不定還完全沒有例外呢！

如此一來，所謂的可以自主生死、自主輪迴，所指的大概就是這些修得很不錯，符合了因果輪迴轉世法則中可以提出「申請」條件的「人」，至於要不要提出申請，這是當事人的自我「選擇」。如果再繼續推測下去，搞不好「選擇」提出「申請」之後，還得經過層層的筆試、口試之後，才能決定當事人是否過關。

請注意很重要的一點，一個去年符合條件可以考得上的人不見得今年他還是符合條件、還是考得上，因爲也許限制的條件改變了，也許考題變難了，也許……。

所以西藏班禪喇嘛、達賴喇嘛等大修行者的轉世問題，很值得我們深思。就舉個最簡單的例子吧！活佛轉世。

達賴十四世是達賴十三世轉世的，達賴十三世是達賴十二世轉世的，十二世是十一世轉世的，依此類推，那麼一世就是二世就是三世……就是十四世了。

不太公平吧！怎麼領袖人物都是他自己一個人在當呢？這麼多年來難道就沒有一個比他修行更好的人願意來接續他的工作嗎？可憐的達賴喇嘛。好吧！你可以說他是觀世音菩薩乘願轉世再來的，可是依「我的」理論猜測，「上面」的觀世音菩薩應該也有好幾位吧！難道說每一次乘願而來的就絕對是同一位觀世音菩薩來轉世的嗎？爲了佛教聖地——西藏，「上面」其他的高手到底是怎麼了？

「如果」在同一個時間，我們也找來幾個資質不錯的小孩子，在同一個環境之下，也同樣的給予完全一模一樣的照顧與訓練，就像培訓達賴喇嘛那樣的愼重處理，只是主角不同而已，而其他的外在配合條件完全一樣。有沒有這個可能呢？在一段時日之後，我們也訓練出幾個和達賴喇嘛一樣優秀一樣傑出的領袖人才呢？

再來一個「如果」好了，既然都是同一個「祂」或同一個「他」來轉世，那麼還有必要從小大費周章的接受一大堆特別的栽培與訓練嗎？根本就不需要，只要時日一到，自然很快的就應該會有所體驗有所領悟，那個時候再加以培訓也不會太遲的。「如果」這些特別的培訓只是幫祂或幫他找出過去世所累積下來的經驗和本事，那麼這些一再來轉世的「高手」實在也沒什麼了不起嘛！因爲一般人都還盡量自己想辦法自立自強，他們卻需要靠外力靠其他那麼多的人來助他們一臂之力。

這是我的想法。從前一世死後就開始尋找他的下一世，是爲了「鎮住」他的「寶座」嗎？怕寶座被搶嗎？是他本人在乎還是他身邊的人在乎這個寶座呢？這種傳承的方法稱得上民主嗎？

我想告訴各位什麼呢？千萬不要小看了你自己！因爲你絕對是唯一的！我也想告訴各位，不管十四世的達賴喇嘛是誰來轉世的，我都佩服他的一句話：「我不會再來轉世了！」不管他老人家符不符合可以提出「申請」的條件，但是我知道他是「選擇」不提出申請的，就算上面那個行政院長派他出使到西藏，他也會婉拒的，因爲他老人家跟得上時代，知道「民主」和「交棒」的眞正意義。

我無意要挑戰什麼，也無意推銷什麼，我只是喜歡動動腦筋喜歡唱反調，喜歡找出一個自認爲與衆不同又自認爲沒有瑕疵的滿意答案，來滿足一下自己對宇宙的好奇而已，絕無任何的惡意或一絲絲的不敬！

這年頭要賺小孩或女人的錢很容易，可是我以爲要賺高級知識分子的錢更容易，爲什麼呢？

我只要多說些「玄一點」、「明心見性一點」、「外太空一點」、「天文科學一點」，再假裝「慈悲智慧一點」，再穿戴「宗教一點」的衣物或帽子，再盡量多描述一些根本就無法用現在的儀器可以證明的「靈界」景象，再強調「我看得到」、「我聽得到」、「我靈魂出竅去過」、「我的師父是」……，這些知識分子的錢就滾了而來。

說句不客氣的話：「這些人讀書讀到肩膀上去了。」

你有沒有興趣知道，鬱金香咖啡屋爲了我的「通靈服務」，「額外」多了多少收入呢？座談會的收入是很公開的，就是每個人一百元的場地費（餐飲費是參加者自己享用的，所以不能計算在內）。至於一對一的服務呢？你可以先打聽坊間一般的行情，一次服務三十分鐘的行情是多少。

至於我的「身價」如何？不瞞各位，三十分鐘平均三百元而已。每當我對別人提起時，對方都是一副不可思議的樣子：「怎麼可能呢？」「你才知道通靈的身價只有這樣而已！不過，對我來說，這本來就是義務的服務，隨興隨緣，沒有半點勉強，再說所有的隨緣收入，也都是交給妹妹去支付水電等費用。」

有一天下午，朋友剛好路過，進來關心一下，我正好一對一服務完畢，我當著他的面把那天所有的紅包一個一個拆開，算一算，總共是兩千一百元，那一天我正好服務了七個人。當初，兩個妹妹想開店幫我的忙，我就很清楚的告訴她們倆，一對一的服務，平均每個人只能算三百元的隨緣收入，我不是猜的，這已是我多年來的經驗。

不妨再回頭想想，坊間一般的行情是多少呢？爲什麼大家捨得花一大筆錢，去做一些無謂的「改命」、「改運」呢？爲什麼不求助自己？想想如何改變自己的個性，如何悲智雙修雙運呢？請永遠記得一句話：「自助而後天助！」

再好的信仰、信念都一樣，別忘了一定要留給自己一點獨立思考的空間。唯有經過仔細縝密的思考，「智慧」才有可能發芽茁壯。如果我們照單全收別人的東西，危機就可能出現，因爲最起碼，「我」這個獨立個體不見了，而一旦迷失了自己，也永遠沒有機會去體會什麼叫做「智慧」了。

有人告訴我，他們有一夥人想去西藏，「爲什麼想去西藏呢？」

「因爲有人說去西藏走一趟，可以爲台灣添點福氣，少一點災禍。」

「你有沒有想過，西藏的人民一心一意想要脫離中共獨立，達賴喇嘛也爲此而到處奔走努力，密宗的信徒都解決不了自己聖地的問題，你能期盼去西藏一趟，就能改變台灣的命運嗎？我寧可你把那些費用捐給九二一震災後，沒錢吃營養午餐的小朋友，我想這樣對台灣的幫助比較直接，也比較實際。」

「也曾經有人對我說，她要和一大堆人到西藏，我問她爲什麼，她說要把錢親自送到那兒，捐給當地蓋學校。我說，如果是捐給寺廟，我會反對，但是捐給學校，那我很贊同。但是她本人未必要和一大堆人一起去，因爲有人送去就好了，她可以把這筆機票錢省下來再捐出去，我相信光是來回的機票錢，就可以多蓋半間教室。」

剖腹生產

好吧！就算能夠在預定的時間剖腹生產，請問，眞的能夠改變命運嗎？來參加過座談會或聽過我演講、當場看過我「表演」的朋友就會了解，我從來不問對方的八字、名字、住址等等的資料。

可是，還是有那麼多人要選良辰吉日剖腹生產。

八字應該包括年、月、日、時吧！如果要「挑」時間，大概也只能挑「時」，挑「日」吧！能再進一步挑「月」，實在很不簡單，因爲總得讓孕婦懷足月再生產吧！那麼「年」呢？

是啊！有人說，當然可以挑「年」了，君不見每到龍年時候，出生率總是特別高。可是話說回來，要挑出生「年」，就得往前推算受孕期，不是嗎？唉呀！好麻煩啊！可別忘了想一想，要懷孕的女人年紀到底有多大了……。

人算不如天算，我就說嘛：「也許老天爺是根據受孕的那一刻來決定一個人的命運。」有一個男士如此回答：「那很簡單！大部分都是在晚上嘛！」

可是，我還不認輸：「那試管嬰兒又要怎麼算呢？」

清修

很多人問我：「我想清修！」

我回問他：「什麼叫做清修呢？你對清修的定義是什麼呢？」

對方往往不知如何回答我的問題，這些人有男、有女，有年輕的、也有老年的，有的正值人生的顚峰期。「我就只想靜下來，好好修行就是了。」

我會再問他：「你對修行的定義是什麼呢？」

這個問題就比較容易回答：「人生很苦，所以我不想再來輪迴轉世。」

各位，您對修行的定義是什麼呢？您對清修的定義又是什麼呢？

在我的觀念中，哪有什麼修行？哪有什麼清修？生活就是修行，佛自心中來就是清修。任何模式的生活中都不忘修正自己的行爲，就是修行；任何時空中都能夠讓自己保持清醒的慈悲心與智慧心，就是清修。

如果還需要一個特別的時空才能夠修行，那算哪門子的眞功夫呢？就像有人說：

「不要吵！不然我讀不下書！」
「給我一塊良田，我才能耕作！」
「你要保證我一定賺錢，要不然，我不要投資！」
天下要求白吃白喝的人還眞是不少，可是最後成功的，往往是那些在惡劣環境中，殺出一條生路的「實際行動者」。這些實際行動者因爲他的實際投入，所以親身學習、也親身體會到，所有過程中所帶給他「身、心、靈」各方面的成長。當您在各方面皆有所成長時，那不就是修行嗎？如果你還堅持用智慧與慈悲的心態修行，那不就是淸修嗎？
祂們這樣勉勵我——
「淸修」兩個字中的「淸」，是指「去除自我」，淸修是指「去除自我的修行」。
當你必須去除自我之後才能夠修行，那麼就一定「不會是一個人淸靜的修行」。
一個人淸靜的修行，他的心中只有自己，和去除自我的修行，是「背道而馳」。
佛自心中來，當你的心中充滿佛心的時候，你的心中早已沒有了自己，因爲那時候的你，只會用「佛心」去看待所有的人、事、物，這才是眞正的淸修。
淸，就是放空，就是沒有了自己。

什麼時空最容易「去除自我」呢？

「奉獻」與「犧牲」的時空，最容易忘記自己的存在。

而一般的生活當中，什麼時候最容易讓人體會到奉獻與犧牲呢？

為人父母的時候！因為那是一種無條件的奉獻與犧牲。

所以，在真正的因果觀念中，反而最提倡婚姻生活，因為在「婚姻的境界」中，最容易體會到「學習」與「服務」，而「學習與服務」不就是因果論的人生觀嗎？

動腦想一想

我眞的會通靈嗎？

來問事者先提出問題，然後我調資料，告訴對方我所接收到的因果故事。這之後就是印證的工作，問題就出現在這裡。

以前我會先說出這一世中當事人可能會呈現出來的個性，或他們可能會遇到的情形，然後再向來問事者求證，印證我所「預測」的對不對。

稍有了一點名氣之後，總不能不顧自己的招牌吧，於是換個方式，我不再先說出這一世中當事人可能會呈現出來的個性，或他們可能會遇到的情形，我改口說：「各位想一想，既然過去世的因果故事是這樣，那麼你們想想誰是債權人？誰是債務人呢？債務人到底什麼地方做錯了？如果你是老天爺，你會怎麼安排讓當事人在這一世裡來解決這個因呢？另外雙方當事人在這一世裡可能會有什麼樣的個性或狀況發生呢？」

於是在場者開始議論紛紛，這時候的我樂得清閒，我所持的理由是——讓大家稍微用點心動腦想一想，想想因果輪迴轉世可能會是什麼樣的一種運作模式，經過自己的思考，才會對因果有進一步的概念。我可不願意看到各位因爲信任我、崇拜我，反而被我誤導，變成迷信的人，這種阻礙別人成長的惡因，我承擔不起。

有時候，我會換成這麼說：「故事就只有這樣，很短，我問你這一世裡你有什麼問題呢？」聰明一點的人，可不會這麼輕易的放過我：「陳太太，那麼你說，在這一世裡我可能會碰到什麼樣的問題呢？」如果我也耍詐：「你不說，我怎麼會知道呢？你說出來讓大家聽聽看，也許我們可以幫你出個主意。」如果對方眞的說出來了，我可以跟各位保證，現場一定會有一大堆人教你怎麼「破解」。這些很熱心、雞婆的人通常看過我的書，不然就是參加過座談會的人。

可是對方如果還是堅持要我先回答，我也只好認了，既然踢到鐵板，說就說吧！這時候的我只有一個辦法，就是憑當事人過去世的因果故事，再加上通靈十年來的經驗，猜測這一世裡的當事人可能會碰到的狀況。當我把「猜測的結果」說出來之後，可能會有兩種情形發生。

第一：「陳太太，妳說得好準喲！我的某某眞的就是妳說的那種個性……。」

第二：「奇怪？可是妳說的好像和實際發生的狀況差滿多的，沒有辦法吻合！」

如果很準，不用多說，我會把它寫在下一本書裡，這是一種很自我的選擇性記憶。

如果是後者，錯得太離譜了，又該如何呢？通常我很不願意重新調資料，因爲一旦重調，就算第二個故事說得再準，我都很不以爲然，我會覺得那是我自己在編故事，爲自己解套一下。雖然明知道自己不會編故事，可是，既然都已經知道答案了，才回過頭來說故事，那有什麼了不起！反而覺得挺沒有面子！所以，我很不喜歡重新調資料。

如果重新調資料又是同一個畫面時，該如何呢？我常會這麼說：「祂們說資料沒有調錯，當然也有可能是我翻譯錯了，可是資料既然沒有錯，卻又和這一世的事實不合，那我眞的就不會解釋了。對不起！我幫不了你的忙！很抱歉！」說兩聲對不起，換下一個問事者發問問題就是了。

我比較常用的解套方法是：「你們注意到了沒有，剛剛我有說……的，也許就是因爲過去世裡的這個原因，所以才會有……。」

「我常說欠債還債又分爲有心還債與無心還債，同樣的，如果報恩也分爲有心報恩與無心報恩兩種，你的某某可能就是因爲無心還債或者是無心報恩，所以才會……。」

「如果說，你的某某在這一世裡該還的沒有還，或者說該報恩的沒有報恩，那麼到了未來世他還是照樣要來還、要來報恩。沒有關係，到了未來世，總會有讓你等到的一天。」

「我們也不能將凡事都推到過去世裡的因，也許你的某某他的所作所爲，是他這一世裡才新造出來的因。也就是說，他的行爲並不是過去世的因所產生的果報，而純粹是他自己這一世裡才造出來的因。所以說，到了未來世，就有兩個因在等著他處理了。」

各位！我是眞的會通靈嗎？還是反應比各位快了一點而已呢？不知道過去世因，日子絕對還是可以過下去的，也許過得更好也說不定。

不要迷信

各位讀者，相信自己！絕對不要迷信！我不是來「推廣迷信」，我是來「推翻迷信」的。因果輪迴轉世理論是希望你能夠學會相信自己，為自己的所作所為負責；而不是叫你相信別人，要別人為你自己的所作所為負責。

我不反對算命（何況我自己還在算別人的命），因為人在徬徨無助的時候，總是希望能夠能抓住一根浮木，如果你眞的需要算命師為你服務的話，那麼請抱著淸晰的頭腦前往，千萬不要迷信，不要「助紂為虐」。

有人對你這麼說：「你身邊跟了好多的冤親債主。」這個時空中，來來往往的人、靈那麼多，就像我們走在路上，身旁不是常常跟了一大堆的人嗎？有時候還會有流浪狗跟著我們走。問題是，這些人和你無關，都是陌生人，只不過你們都是同時走在一條路上。就算其中有幾個人是你認識的，也確實和你走在一起，但是，憑什麼說這些和你走在一起的人，就一定是要來找你麻煩的人呢？說不定他們還是你的好友、你的貴人呢。

想想一些八卦新聞好了，如果你在路上，遇到一個多年不見的異性同窗好友，兩人相偕到咖啡屋坐坐聊聊，時光一下子倒回了好幾年，兩人聊得好開心，卻被你另一半的好友看到了，當晚也許就會有這樣的劇情發生：「你居然瞞著我，在外面跟別的異性交往，別以為我不知道……。」

有人對你這麼說：「你的事業不順，是因爲你祖先的關係。」多可憐的祖先啊！轉世爲台灣人實在有夠悲哀，連死後，都還得爲子孫的不順利扛責任。現行的台灣法律並沒有規定父債必須子還，請問一下，靈界的親屬有必要爲人界的子孫負責嗎？人都死了，墳墓不好又怎樣呢？那些沒有辦法入土爲安的人該怎麼辦？如果祖先已經轉世，或者升天，或被抓到地獄，人世間的家屬又該如何處理呢？

再想遠一點，地獄可怕嗎？如果換成是人間的監獄，有吃有喝，只是沒有自由，總比在外頭躲警察好過吧！再假設，如果你的親人移民到美國，拿的是美國護照，在美國犯罪被警察依法抓到監獄去關，請問，你能用台灣地區的法、理、情和對方打交道嗎？

有人對你這麼說：「只要照我的方法去做，保證你一定能夠逢凶化吉，萬事如意！」如果他的方法這麼有效的話，那麼他一定很有錢，不會生病也不會死，更不用那麼辛苦，必須靠算命這個行業爲生。如果他算「未來」那麼準的話，爲什麼他不直接去找一些能夠包大紅包給他的大客戶呢？

「我的婚姻不好，請問是什麼原因呢？」

「我得了癌症，請問我為什麼會得這種病呢？」

「我的孩子不學好，我應該要怎麼辦呢？」

注意到了嗎？為什麼去找人算命服務的時候，總要先說出自己的「問題點」呢？我自己會說因果，如果我想騙人的話，那實在是太簡單了。反正我怎麼編故事，你們都無法查證，我只要隨便說個故事，說你在過去世怎麼害人，怎麼做壞事就行了。當你得到答案、有了藉口時，我的紅包也到手了。

不要那麼傻，如果在我的座談會你是這麼發問的話，一定會被我罵的：「你只要說，我想知道我的婚姻或我的身體……等就好了，如果我說出來的答案，和你現在的實際生活完全扯不上邊的話，那麼，我接下去所說的建議，你就應該把它當成是在放屁，因為我連你現在的生活都算不準，還有什麼值得你相信、值得你採納的。」

很多人都很想預先知道，未來會如何。例如：

「我將來的婚姻好不好？」

「我將來會不會賺很多錢呢？」

「我的孩子將來會不會養我呢？」

這種題目對算命師而言，就更容易發揮了，如果想要對方高興包個大紅包，那麼就說好聽的；如果知道對方已經火燒眉頭，急著想要改變的話，那麼來個「畫符、施法」，大把的銀子就自然落袋。

至於有沒有用，套句我常用的脫身法：「我是盡了全力幫你的忙，可是在這段時間你是不是做了一些比較特別的事呢？也許就是這些事又改變了你自己的命運。你的命運本來是不好的，我幫你改運，讓你避免掉百分之六十天生注定的不順利，可是你自己又做了一些事，害得你自己又從百分之四十可以改變的命運，又退回到百分之六十天生注定不順利的命運。」

所以，如果你來找我爲你服務，希望你能夠從我說的因果故事中，了解自己在過去世的缺點、優點，好好的重新認識自己，反省這一生的所作所爲，重新思考自己的定位，仔細想想，下一步棋該怎麼走。至於我所預測的未來，其實常常是不準的，爲什麼呢？因爲你可以改變它。如果我說你不好命，只要你有心改變，那麼，我的預測就一定不準了；如果你不努力，就算我說你好命，你也一樣享受不到，那麼我的預測也會不準，不是嗎？

電腦化的生活

現代的父母眞不知該如何是好，年輕的兒女們趕時髦，老是愛從網路上交男女朋友。網路上的照片，一個個都是英俊瀟灑、溫柔婉約，事實又如何？曾經有一位讀者，在網路上認識了一位女友，雙方談得很投機，男方以爲對方就是自己多年尋尋覓覓的另一半，可是怎麼約她，就是不出來碰面。後來謎底揭曉，原來對方是個男同志！

另有一位讀者，是個女的，三十出頭，未婚，本來有八張信用卡，覺得似乎太多了，於是向銀行申請「停止使用」。後來，在網路上認識了一位男性的網友，交往沒有多久，男方就向女方表示：「既然我們都要結婚了，就用妳的信用卡刷吧！」女方一想也有道理，於是乎，一張信用卡不夠用，再來一張，兩張不夠用，再來一張……，沒多久，八張信用卡都「復卡」了。又過不了多久，男友不見了。

這個男網友留給她的，是一百多萬的銀行負債而已，整個事件的發生經過，女方的家人也完全不知情（因爲女方怕家人難過，只好隱瞞一切，自己獨吞苦果）。事後，女方根據對方所留下的通聯紀錄，好心地想提醒其他女孩子不要上當，可是來不及了，那些女孩子的下場都和她一模一樣。女孩也和法律界人士討論過，對方的回答很簡單：「那是男歡女愛的表現，沒有任何強迫手段，要怪誰呢？」

電腦化的生活帶給我們什麼呢？腳力軟了，視力壞了，對話機會減少了，文字記憶退步了，人際關係也跟著完了。大腦越來越發達沒有錯，可是行為能力呢？懂得那麼多，又有什麼用？一個有限的肉體，需要「存入」那麼多的「知識」才能夠「生存」嗎？修行不是強調「越簡單越好」嗎？

我想到外星人的電影，相信不久的將來，人類的身材也將和ＥＴ一樣，不過，可能要先死掉一大堆人，才能夠「進化」到那種樣子，因為頭部實在太重，腳又太細、太軟，整天晃呀晃的，還沒有進化到那種程度，就先重心不穩倒下去了。（注意到了嗎？跳樓自殺的人不是越來越多了嗎？）

＊外公的智慧

爸爸常說：

「當我年輕的時候，媒人介紹妳媽媽給我認識，妳外公想要見見我，於是約我到海邊游泳。他很聰明，假使約在游泳池，如果我不會游泳的話，那麼我就會在一旁觀看；約在海邊就不一樣了，就算我不會游泳，也可以在海邊玩水。」

「妳外公的目的其實很簡單，因爲到海邊游泳、玩水的話，只能穿泳衣，男生就算不穿泳褲，也只能穿一條短褲。這麼一來，我的身材怎麼樣？有沒有刺龍刺鳳？身體有沒有缺陷？一眼就被看穿了。」

＊回家去要啊！

父母買了一間房子送給孝順的女兒。

不孝順的媳婦對婆婆說：「媽媽，爲什麼你們要買房子送給已經出嫁的姊姊呢？這樣很不公平！我都沒有！」

婆婆笑著說：「那不是我買的，我哪會有那麼多的錢呢？那是妳公公買給妳姊姊的，如果妳沒有房子，妳可以回娘家向妳爸爸要啊！」

＊姊夫也沒有啊！

妻子對丈夫的姊妹們說：「爸爸對妳們眞好！都會用妳們的名字買房子給妳們，我都沒有！」

「可是爸爸也有用弟弟的名字買房子給你們啊！」大姊回答。

「那是用妳弟弟的名字買，又沒有用我的名字買。」

「可是爸爸也沒有用姊夫的名字去買房子啊！」小妹也覺得大嫂很莫名其妙。

＊過日子

在我的座談會中，女人總是問這些類似的問題：

「我還沒有結婚，請問，我有沒有結婚的機會呢？」

「我和先生處不來，請問還要多久的時間才可以離婚呢？」

「我已經離婚了，請問還有沒有下一段婚姻呢？」

「我已經離婚了，但是不想再婚，請問，老的時候有沒有人作伴呢？」

就有這麼巧，同一場次的四桌客人中，有一桌全是未婚的小姐，有一桌全是想離婚的太太們，另一桌，是想問有沒有第二春的婦人。

「想結婚的朋友，可以問那一桌迫切想要離婚的太太們；想離婚的朋友，可以問那一桌還想要有第二春的女人；想問第二春的朋友，可以回頭問問妳自己當初，是如何經營自己的第一段婚姻。」

另有一場，一屋子的女人議論紛紛，全都是爲了「婚姻」兩個字。先生有外遇、暴力相向、不拿錢回家、夫妻個性不合……，孩子成天只想往外跑，在家只會玩電腦、念書老是不專心等等。（我做過很多次這種調查——「在場的父母們，想把家中電腦砸毀的，請舉手！」結果有九成的父母都把手舉起來了。）

沒辦法！誰叫我們出生爲女人呢？話說回來，應該深思的是：「爲什麼我們會出生爲女人呢？爲什麼我們不能出生爲男人呢？」光是「男、女」這麼簡單，二選一的選擇題，我們就沒有一點點的自主權嗎？如果您能夠從這個角度去探討「因果輪迴轉世」的原因，相信會有意想不到的收穫。

「少年仔！我跟你們講，婚姻就是這麼一回事，沒什麼大不了的啦！結婚後，新婚滋味的這兩、三年，和老了以後兩人相依爲命的這幾年，才叫做婚姻，其他好幾十年的時間，統統叫做——過日子。自己的日子想要怎麼過？自己做。」七十多歲的老太太如是說，旁邊一臉笑意的，是她的老伴。

我好喜歡聽老人家的談話，那是歷經數十個寒暑一路走過來的體驗，那才是眞智慧。

換個角度思考問題

換個角度想一想

常聽人說：「忍一口氣，風平浪靜，退一步想，海闊天空」，是否我們可以把它改成「謹言愼行，風平浪靜，換個角度，海闊天空」。

因果輪迴轉世採用的多半是角色互換的心靈體驗，前世我害了你，這一世有可能就是我被你害，雖然方法是如此，但別忘了因果也有歸零的時候，所以絕對不能將自己的不幸或過錯推給過去世或是作爲犯罪的藉口。何妨換個角度將心比心的站在對方的立場替他想一想，假使把你換成了他，你希望別人如何對待你呢？你希望得到什麼樣的反應呢？常常如此推演，久而久之自然就會成習慣，自然就會在爲自己打算之前，先考慮一下別人的感受。

有時候這樣子的思考模式還可以增加各位的想像空間，但是請盡量往好的、光明的那一方面去假設，不要盡是往陰暗面去傷腦筋。有些事情只要反過來想一想，就會豁然開朗，想想「人生的波折有多少，收穫就有多少」。同樣的，「想要改變別人，一定先得要改變自己」。

「換個角度看待問題」，這是我常說的一句話，不難！一點也不難！這一陣子大家議論紛紛，要不要轉到大陸去投資呢？要不要移民呢？要不要把不動產處理掉呢？公司要不要再營運下去呢？投資在證券市場的資金要怎麼辦呢？被倒掉的會錢要得回來嗎……。各位，您呢？您有這些煩惱嗎？

我不知道您有沒有，但是在問路咖啡裡的這幾位先生太太們倒是心寬得很，因爲我們都沒有多餘的錢，沒有多餘的錢好投資也沒有多餘的錢可以借給別人，所以我們都沒有這些煩惱。很難想像吧！經濟不景氣的時候，才知道原來自己是個非常幸福的人，因爲我們沒有多餘的錢，所以我們就沒有損失，也就沒有煩惱。

有個參加座談會的讀者說了這麼一段話，您聽聽看，再想想看她說的有沒有道理？她是這麼說的：

「大家一窩蜂的往大陸投資、往別的國家移民，大家都認為台灣沒有希望了，可是我卻不以為然。為什麼我們就不能夠換個角度衡量這個問題呢？當一大堆大企業出走的時候，想想看，不也就是可以讓台灣的土地好好休息一陣子的時候嗎？難得有這麼好的機會讓我們可以眞正用心來關心環保的問題有何不好呢？幾年之後，台灣將會有個新氣象不是嗎？」

同樣的，不知道過去世的因果難道就不能過日子了嗎？從我嘴中說出來的因果故事難道就有那麼大的影響力嗎？如果您沒有機會碰到我，怎麼辦呢？難道您就不能為自己編個可以接受、可以安慰、又可以鼓勵自己的理由或故事嗎？

出生為女人就是債務人嗎？

我常常在座談會勸告年輕人要結婚的原因也就在此。一般人總以為出家修行才高竿，卻不知道入世的在家修行，才是頂尖的修行方式。為什麼呢？單身的時候，一個人獨來獨往，想做什麼就做什麼，頂多想一下父母就好了。自由又自在，率性得很，有稜有角，世界在自己的掌握之中，命運完全操之在我。

等到結婚了，才知道暴風雨來了，爲了面子，爲了維繫婚姻，爲了顧全雙方的家人，就得犧牲自己一下，多體諒對方一下，多讓對方一點點。

等到有了孩子，有了下一代之後，才知道世界全都變了，變得很離譜，根本就無法事先規劃、無法捉摸，講白一點，像是快要失控了。年輕時，對自己未來的定位、期許，全都失焦了。也許連配偶也都視而不見，滿心滿腦袋瓜都是孩子們的一切，那時候，才知道什麼叫做「天下父母心」，什麼叫做「養兒方知父母恩」。

你不要以爲這是我個人的看法，錯了！我做過很多現場調查，只要座談會時，有未婚的，有已婚的，有離婚的……，反正，什麼樣的人都可能會來參加。我若是問：「是不是要結了婚之後，才更有機會成長呢？是不是要等到有了小孩之後，才會知道有些事情眞的很無奈，不是自己一個人可以作主，不是努力就可以解決的？」

十個結過婚的，一定十個人同意我的結論。二十個有小孩的，一定二十個統統投我這一票。這是「世俗人」的看法，然而祂們的看法又如何呢？保證各位看完了以下的分析，都會想要改行去做婚紗業了。

我們不是談過了嗎？絕大部分的人，都沒有辦法在轉世時選擇做男人或女人，就是這麼無奈！老天爺到底是憑那一點來決定出生時的性別呢？我常說這麼一句話：

「假如你轉世在這個時候的台灣，又是女人，那麼妳就要有點自知之明，因爲，根據我的經驗與統計，似乎台灣女人來還債的比較多。爲什麼會這樣呢？因爲台灣的女權比較不受重視，傳統的大男人主義又比較高漲，所以台灣女人被迫要學會接受『認命』這兩個字。不相信的話，可以從一些通俗的台灣歌謠中找到答案。」

也就是因爲這種民族性的緣故，所以祂們才會把一些必須來還債的債務人，轉世爲女性，而讓債權人轉世爲男性，在這種男尊女卑的環境背景之下，女性債務人，就能夠比較心甘情願的還債。如果同一個因果故事，而把這一對男女轉世到北歐國家，那麼，請問一下，做女人的債務人，會很輕易的把因果債務還淸嗎？我看不但還不了舊債，可能還會有新債務發生。

但是，凡事絕不是一成不變的，絕對會有例外。如果眞有例外，台灣的男人可慘了。因爲依祂們告訴我的，台灣修行好的人，大部分都是女人，而不是男人（這眞的是祂們說的，不是因爲我是女人）。在此必須說明一下，祂們評價中所謂的修行好，並不是指宗教界人士，在祂們的觀點裡，沒有宗教修行的差別，有的只是做人處事、悲智雙修雙運，修行程度的高下之分而已。

為什麼說女人的修行比較高呢？在一個男尊女卑的社會體制之下，如果一個女人可以在家庭裡，將本身該扮演的角色扮演得很恰當，又能夠突破外在的既定限制，對社會、國家，甚至全人類有所貢獻，誰敢說她不是很棒的修行人呢？男人有一番事業似乎很正常，人們常說，一個成功男人的背後，一定有一個支持他的女人。然而，一個成功女人的背後，又是什麼呢？

沒有什麼啦！女人會為他所愛的男人打理家務，讓她的男人無後顧之憂的往前衝，而成功的女人卻往往身兼多職，裡裡外外，自己一手包辦。不就是這樣嗎？所以，如果要達到同等的「成功」境界，女人勢必要比男人付出更多心力，除了做好女人的角色，還得在男人世界中，取得一席之地。

為了內心深處自認為遠大的抱負與理想，為了想要奉獻自己、服務社會的決心，為了爭取這一席與男人平起平坐的位子，你可知道她必須先把自己的家庭顧好，把家人安置妥當；她必須「吞忍下」多少的閒言閒語；必須花多少時間與精力，學會「剛柔並濟」的與人交往；還必須時時刻刻提醒自己，千萬要保持「出淤泥而不染」……。這樣「學會付出」的女人，誰敢說她的修行會比男人差呢？不要小看了妳自己！加油！台灣的女人！

孩子功課不好，身體不健康，品行不學好，是誰的錯呢？當然全是媽媽的錯！因爲男主外，女主內！爸爸要上班賺錢養家啊！笑話！難道媽媽就不用上班賺錢養家嗎？現在的社會，雙薪家庭一大堆。你可以回我說，可是男人賺的錢比較多！是這樣嗎？又是笑話一則！誰說女人的辦事能力比男人差呢？那是整個社會的大男人主義在作祟，所以才會有男女同工卻不同酬的差別待遇。你可以再回我說，可是我們男人的體力比較好啊！體力比較好又怎麼樣呢？又不是體力好，就可以勝過一切，看你有沒有子宮可以生子傳後……。

怎麼辯也辯不完，天地間有陽就有陰，有正就有負，有圓就有缺，有漲就有落，有剛就有柔，有男就有女……有什麼好爭的呢。只不過，我們似乎沒有權利選擇當男人或女人。

爲別人想一下

帶了三個孩子去買運動鞋，一路上，我不斷交代：「你們都長大了，等一下到了鞋店的時候，你們自己挑自己試穿自己決定，我只負責付錢。要注意，有的售貨員爲了業績，有時候會隨便說一說號碼，例如你要三十八號，可是店裡就是少了三十八號，她可能會拿三十八號半或者是拿三十七號半，然後告訴你說這一雙就是三十八號。另外，不同的廠商往往尺寸標準也會不太一樣，所以無論如何一定要試穿，兩腳都要試穿，而且要站起來走一走，看看合不合腳。等到包裝的時候，還要再檢查一次，看看小姐裝對雙了沒有，兩隻鞋是不是一樣大小。」好嘮叨的我。

終於孩子們心滿意足的帶著各自的運動鞋回家了，我獨自一人又繞到誠品書店去找有關埃及和印第安的資料。很失望！找不到我想要的。在回家的路上，居然碰到了老大（高一生），她說：

「媽媽！鞋子太小了，二阿姨叫我趕快去換一換。」

「那就趕快去換，剛剛才買的，小姐一定還認得妳。妳會換嗎？」

「我會！」

「要不要我陪妳去？」

「不用了，我自己會換。」

孩子長大了，媽媽是多餘了。第二天，放學去接她回家，一上車，她說話了：

「媽媽！我的運動鞋還是太小！」我回頭一看，她正穿著新買的鞋子。

「奇怪了，妳昨天不是有去換嗎？」

「有啊！我跟小姐說，請她再多拿半號的，結果，原來的那個顏色沒有多半號的，她就拿另一個顏色給我。」

「妳有沒有試穿呢？」

「有啊！」

「那妳原來的是幾號？」

「我也不知道。」

「好，等一下我再帶妳去換。」

陪著老大去換運動鞋的途中，我又開始了：

「這就是爲什麼我昨天一再叮嚀的原因，妳想想，如果小姐只是拿另一個顏色騙妳說是多了半號，那麼這個小姐就不對了，但是也有可能是妳自己試穿的時候，沒有好好感覺一下，那就是妳的錯了。妳再想想，一雙鞋將近兩千元，妳又穿了一整天，怎麼跟人家換呢？

我一再說明，你們卻都把我的話當成了耳邊風，搞不好，我又得白白浪費兩千元，妳以為錢那麼好賺的嗎？」女兒低著頭一路沉默不語。

「小姐，她昨天自己來換過一次，可是還是覺得太小了，怎麼會這樣呢？」我的口氣很不好。

「太太，她昨天有試穿啊！」

「可是小孩子畢竟比較不懂事，你們比較專業，應該幫她看一看。」

「她說要多半號，原來的那一雙沒有多半號的，所以我就拿同一款式、不同顏色、多半號的，我想說她有當場試穿，所以也就沒有再多說什麼了。」小姐回答得很委屈，我也覺得我似乎是過分了些。順手我拿起昨天的那一雙，看一看鞋底，然後再看一看今天那一雙的號碼，沒有錯，是多了半號。

「小姐，那麼妳再拿一雙多一號的，讓她試穿看看。」……在女兒試穿新鞋的時候，我注意到了，小姐將那雙穿了一天的鞋子翻過鞋底看了一下子，沒說什麼。女兒試穿好了，我拿出了兩張千元大鈔。

「太太，不用了，就用這雙換好了。」

「這怎麼可以換呢？已經穿了一整天了，沒關係，反正，妹妹的腳比較小，就留給妹妹穿好了。」

「謝謝！」一旁的老闆大大方方找了零錢給了發票，也只有這兩個字。

「媽媽！妳這樣不是又多花了兩千元嗎？」

「是啊！我是多花了兩千元，不過妳倒是多了一個經驗。」

「可是，那個小姐說可以換呀！」

「是啊，她是說可以換，可是妳有沒有換個角度想一想其他的問題呢？妳想一想，小姐有沒有錯呢？如果我們用換的，那麼等一下她一定會被老闆罵，問題是，是妳自己說要多半號的，妳也試穿了，錯的人是妳又不是她，我們怎麼可以害她被罵呢？還有，如果用換的，那麼老闆把妳穿過的鞋子刷一刷，再拿去賣，也許別人看不出來，但是妳覺得對得起買那雙鞋的人嗎？所以我寧可多花兩千元，也不願意去傷害別人。這個觀念妳要記清楚，不能爲了自己而傷害了別人。」

這個學習的代價可眞是不便宜。

不知各位讀者有沒有注意到，如果你買的是日本製的衣服（我指的是一般的女裝），不妨看看他們的縫製功夫，看看裙扣、看看鈕扣、暗扣等等，一針一線，一點也不含糊。反觀台灣製、香港製的，隨隨便便兩三針就敷衍了事（爲此，如果買的是台灣製、香港製的，回家之後，我幾乎得整件衣服重新縫一縫、車一車）。

這不是價位的問題，也不是機器或手工的問題。這是敬業的原則。台灣製的，往往四、五千塊的衣服，依舊是如此，但是日本製的，就算是兩千元的，也絕不馬虎。逛百貨公司的時候，我常常會要孩子們仔細做個比較，五個字而已——「凡事不要混」。

「凡事不要混」，這是很基本的人格教育，難嗎？習慣了就會是生活的一部分了。

＊你，十全十美了嗎？

一個朋友來訪，我問她：

「聽說你們的總經理很囉嗦，常常念個沒完，大家都很不喜歡他。」

「還好啦！不過……」

「可是好多人都告訴我說，他們都很討厭他。」

「妳知道嗎？有一次，他把我叫到辦公室整整罵了一個上午，只爲了一件小事而已。」

「後來呢？」

「被他罵完了之後，我跑到廁所哭了。那天晚上回到家，一看到我先生，突然覺得我先生眞好、眞可愛。」

「神經病！」

「眞的，我眞的很感動的對我先生說——還好，還好你不像我的總經理，如果你像他那樣，我一定受不了了。謝謝你！謝謝你對我這麼好！」

「妳先生有沒有說什麼呢？」

「我先生說，妳常常說我這裡不好，那裡不好。可是我都沒有說妳，我沒有說妳，難道就表示妳十全十美了嗎？」

＊菩薩挑中的特定人選

弟媳婦與大妹碰在一起，聊啊聊的，弟媳婦說話了（她原是個護士，生完第一胎之後，就辭掉工作在家專心帶小孩，育有一男一女）：

「我很認眞在照顧兩個小孩，可是爲什麼總覺得他們不是成長得很好。」

「不會呀！我覺得妳的兩個小孩有禮貌、又聽話、又懂事、又聰明，妳帶得很好啊！」

「我是學護理的，我也把護理這一套用在養育孩子身上，可是他們一天到晚這裡病那裡病的，害得我很懷疑自己是不是很不會帶小孩。」

「不會啊！我們大家都知道妳很盡責的在照顧小孩，兩個小孩也眞的是很好啊！」

「可是我看很多做媽媽的，並沒有特別照顧他們的小孩，而他們的小孩，卻都長得很好。不像我，一天到晚忙來忙去的，可是孩子們並沒有長得比別的小孩壯。」

「妳爲什麼不會換個角度想一想呢？」

「想什麼呢？」

「老天爺一定知道妳是個專業護士，不但盡責又很會照顧小孩，所以才敢把別人不會照顧的小孩賜給妳，讓妳替祂們撫養。妳是被菩薩挑中的特定人選，應該感到榮幸與驕傲才是。妳確實做得很好，不要灰心！」

＊學習克服心理的障礙

這是在某次座談會中，一個在中醫醫院上班護士的因果故事。

「陳太太，我不想再做護士的工作，我想去考公職人員，妳說好不好？」

「爲什麼妳不想再當護士呢？」

「我覺得我不喜歡待在醫院。」

「奇怪了，我比較好奇的是，爲什麼妳會不喜歡護士這個行業呢？我查查看！」

猜猜看，我看到了什麼畫面呢？一個放在玻璃罐裡的死胎標本。

訊息來了——在某一世裡，她是一個在婦產科醫院上班的女工友，是上夜班的，爲了家計，白天她還得到另一個地方上班。平日除了打掃的工作之外，她還得負責處理一些「死胎」的後事。因爲本身的境遇不佳，所以看到這一些死去的胎兒，令她非常難過，一邊處理、一邊燒紙錢給他們，嘴裡還不停念著，念著什麼呢？

「你們實在是笨啊！這麼傻做什麼呢？爲什麼要傻到來投胎轉世呢？」其實在她的內心深處，實在是非常心疼這些個來不及長大的胎兒。

「妳也眞是的，心疼他們就應該多說一些好話才是，妳可以告訴這些胎兒，請他們跟著菩薩走，回去再修一修，選個好人家再來轉世。祝福他們一路好走。什麼話不好說，偏偏罵他們傻罵他們笨。眞是的！」

「就是那一世在婦產科的工作經驗，讓妳在這一世裡很不喜歡待在醫院裡工作。」

「可是，小姐，妳有沒有想過，妳的功德有多大嗎？雖然妳只是個工友，做的工作又是處理死胎，但是，這可不是一般人願意做的事。換個角度想想，妳是送這些孩子歸天的最大功臣。妳應該感到高興才對，根本就無須害怕。」

我建議她到婦產科上班，因爲小嬰孩是她的貴人。

後來，這位小姐又來了第二次，她說：

「我以前確實是在南部某一家醫院的婦產科上班，但是裡面的醫生打了我一巴掌，所以我離開了那個地方。」她邊說邊哭。

看來老天爺眞的是很有心讓這個有心的女孩來學習，學習什麼呢？學習克服自己心理的障礙。

＊塞翁失馬，焉知非福

二姑姑的婚姻，說來也是「緣分」兩個字，如果她還在世，今年六十五歲了。

未婚前，她住在我家，我常和她睡同一張床，我們兩個人最相像的地方就是在臉上的正中央有著一個大大的鼻子，還有一點就是兩個人都對「相親」非常有經驗。相親的過程中，我是家中弄破了一大堆東西；她更絕了，七年前和七年後，居然相親的對象是同一個人，七年前男方家境富裕時她不嫁，七年後男方家道中落了，她才點頭嫁人，那時已是虛歲三十了。

剛結婚時，她的日子眞的是非常非常苦，那時候，我才初中，有零用錢可以花用，可是我卻常常拿零用錢買她喜歡吃的東西去看她，其實也沒什麼，也只是她租屋巷口的蚵仔麵線而已。坦白說，那時候，一家大小都好心疼這個姑姑。辛苦了十多年，她終於有了屬於自己的房子，可是人也累倒了。

「我怎麼會這麼歹命呢？辛苦了這麼多年，現在終於可以鬆口氣了，我的身體卻出了狀況。在娘家時，我做的最多，也最晚婚，沒想到，結了婚日子更慘。第一次和妳姑丈相親時，他家很有錢，我沒嫁，沒有想到七年後，居然還要和他相親一次，只不過這一次，他已家道中落了，我卻偏偏選在這個時候才嫁給他。眞的是命中注定嗎？我難道被老天爺注定眞的是要這麼歹命嗎？」

「阿姑，妳有沒有想過，如果妳是在第一次相親時，就嫁給了姑丈，那個時候，他家很有錢，風風光光的把妳娶進了門，妳也快快樂樂的當上了大少奶奶，只是沒過多久，家道開始走下坡，而且是快速的一路往下滑。妳想一想，所有的家人不把妳罵成『掃把星』，不恨死妳才怪！妳想妳的日子會好過嗎？」

「七年後，妳也沒想到，相親的對象居然會是同一個人，只不過是背景變化太大了。這個時候妳才答應嫁給姑丈，我想對方的家人只有一個想法，那就是——這個女人眞好，一點都不嫌棄我們家境不好。所以，阿姑妳不妨回過頭想一想，我猜，妳在婆家的地位一定相當的高，說起話來一定很有份量。再說結婚之後，妳又無怨無悔、省吃儉用的幫忙姑丈做生意，妳想，婆家的人會對妳這個媳婦怎麼想呢？」

「是啊！我小叔、小姑都很聽我的，連我婆婆也都很疼我，一有什麼好東西馬上就會拿過來給我。」

「對了！家中大大小小的事，好像什麼事情都是我在做最後的決定，我的感覺是——我好像在做『王』。」

＊吃力不討好

其實在生活中，我們常常可以看到很多人，自願或被迫接下了很多吃力不討好的工作，尤其是一些純義務幫忙的工作，例如舉辦團體的大型活動、協辦家族的旅遊行程、辦烤肉、辦郊遊等等。但是等到事件過後，備受爭議的也是這些人，絕大部分是批評這些人這個辦不好、那個有缺失、這邊漏了、那邊忘了……。

總之旁觀者只看到了他們「做不好」的那一面，卻忽略了這些人這些日子以來所有的努力，就算沒有功勞也有苦勞吧，而批評者又幾乎是屬於「袖手旁觀」的那一族，也難怪這些出心出力的人，會在事後一把眼淚一把鼻涕的感歎不已。

要勸那些袖手旁觀者的確很難，因為他既不出力幫忙只會出口傷人，各位就可以想像得到他的修行功夫了，我只有在此安慰那些吃力不討好的「雞婆」，謝謝！謝謝你們的雞婆，這個社會才更有希望更有生氣。雖然事後遭到批評，但是一剛開始「被迫」出來的時候，就表示你的能力受到了肯定，既然有這個能力可以為大家服務，何樂而不為呢？至於事後被罵，不妨就把它當作——

「這是個不需要繳學費的學習機會，如果我能夠從中學習到更多的東西，就算是受到言語的傷害，我也可以從面對傷害中，更深層的了解自己，改變自己，獲得另一種層次的學習機會。」

*健保費用

話說我自己好了，平日我的身體狀況還不錯（這該歸功於我的曾祖母，小的時候，她很會幫我這個補那個補的，因爲我是整個家族中第二十代的第一個新生兒，所以在家族中我有個很親切的綽號——大姊頭），因此健保剛開辦的時候，每到了年底，我常常是第一張健保卡都蓋不滿。

有一天，我不服氣，心想：「我好浪費錢喔！每個月一家五口都繳了不少的健保費，可是都用不到。」好了，祂們很認同我的想法，第二天一定就讓家中的某一個人「生病」。第一次沒感覺，第二次沒感覺，第三次如果再沒有感覺，那我這個人也差不多是完了，我警覺到，只要我一動念，就會有人生病。

我把這個大發現對先生提起，沒想到他居然這麼說：

「妳在詛咒我們全家人生病，我不怪妳，但是妳有沒有想過，如果我們身體好，我們繳交的健保費就可以讓那些眞正需要醫療幫助的人受惠，平日我們沒有多餘的錢去幫助別人，這個時候，妳只要把健保費想成是在做善事，不就行了嗎？如果有那麼一天我們身體不好，動用到我們自己繳交的健保費，那麼就可以把它想成是零存整付、未雨綢繆的結果。至於動用到超過了我們所繳交的部分，那就更該心存感恩了，還得想辦法如何去回報這麼多幫助我們的人。如果每個人有病沒病就想要去看醫生，想要去拿個藥，想要撈夠本的話，那這個國家不垮才怪。」

從此之後，只要是多喝點水、多睡點覺就可以解決的事，我就盡量不看醫生，心裡只有一個想法——那些繳出去的健保費就留給眞正需要的人用吧！

＊天賜的本錢

「黑盒子」、「超級電腦」的理論，就只是一些對宗教比較有興趣的人士在看嗎？如果只是這樣，我會很失望的，也許是我的努力還不夠，也有可能只是因爲我是個通靈人，沒什麼社會地位，又不是什麼有錢的大人物，「人微言輕」，怎能怪別人呢？

不妨換個角度，做個白日夢，假如有一天我變成了聞名世界的精神科醫生、變成了李遠哲先生、變成了張忠謀先生、變成了證嚴法師、變成了聖嚴法師、變成了……，那個時候，是不是會有更多的人能夠接受這個理論呢？是不是連年輕人也能夠看一看《如來世3——因果論一》這本書呢？

我真的很希望年輕人知道這個很基本的「轉世做爲人」的理論，年輕人還年輕，他們有的是時間與機會來改變他們自己的未來，這是重點。如果把白日夢再做大一點，會不會有外國人也能接受這個理論呢？

曾有讀者問：「我的命好苦，人家都說我是三頭六臂才有辦法扛起這個家，陳太太，我已經辛苦了這麼多年，妳說我這種苦日子還要熬多久呢？」

我的回答是：「對不起！你的苦日子大概還要熬個十二年左右，所以我勸你要有心理準備。不過，你爲什麼不換個角度想一想這個問題呢？如果老天爺要這樣讓你再熬個十二年，那不就表示你的身體可以這樣健健康康的再撐個十二年嗎？既然祂們要你來還債，也就表示祂們一定會『賜給你』還債的本錢。日子也許會很苦，但是你一定可以看得到兒子成家立業，這樣不好嗎？」

還有另一個讀者問：「爲什麼我的主管要分派這麼多的工作給我做呢？到底我和我的主管有什麼因果關係呢？不然的話，爲什麼我都要做得比別人多呢？一次做兩種不同的工作。」

我的回答是：「我先問你一個問題，你需不需要加班呢？既然不需要加班就可以完成，那怎麼可以說主管的不是呢？再說，一次讓你做兩種不同的工作，表示主管肯定你的工作能力，你應該覺得驕傲才對。如果換個角度再想一想，你不必繳學費，就可以學到別人學不到的東西，或者是說學到不同的工作經驗，那又有什麼不好呢？」

「這些經驗，連轉世的時候都會一併帶下去，你又多了一個本事，一個『天生的潛力』，何樂而不為呢？為什麼心眼要那麼小呢？如果你的工作份量多到必須要加班才能夠完成，而且主管又不給你加班費，那麼我才會有興趣幫你調調看，看看你和主管之間到底有沒有因果存在。」

婚姻的重要性

這是媽媽住在榮總安寧病房的故事。

志工告訴我，某一號病房的病人家屬心中有困擾，能否讓我和對方談一談。閉眼一看，我問：「她是不是長得比較男孩子氣，比較像男人的個性呢？」志工說：「是！」於是約好三個女人在會客室聊一聊。

她打扮很帥氣，頭髮短短薄薄，上半身一件套頭毛衣外加牛仔背心，下著牛仔褲、休閒鞋。身高大約一百五十七公分，體型略爲「健壯」，不是豐滿是健壯。年紀在四十歲上下。

剛剛志工來找我時，我就已經知道她是出家人來轉世的，我看到的畫面很簡單，一個出家人，光著上身、拿著鋤頭，獨自一個人在山裡的農地耕作著，不遠處的山坡上有一間寺廟。雖然我沒有看到寺廟裡的情形，但是我知道裡面的師父正在做晚課。

原來這位耕作的出家人，選擇了另一種修行方式，他選擇在野地裡一個人自耕自食、自修自悟。所以在那一世裡，基本上他是離群獨居的。重點就在這裡了。等一下我所有的解說，都會繞著這個主題在轉。

「在這一世裡，妳幾乎凡事自己來，不肯勞駕別人，不只如此，在家中，如果妳看不慣別人的做事方式，捲起袖子，二話不說，妳自己再動手改變就是了，根本懶得和別人多加辯解。」

「妳結婚了嗎？喔！既然結婚了，妳就更累了，因爲妳根本就不浪漫，很難像一般女人一樣和先生相處，說白一點，就是妳太男性化了，不夠溫柔，也很難體會得出先生在想什麼、要什麼。」

「再來，妳的人際關係也會很糟糕，根本就很難淸楚的讓對方知道，妳眞正想表達的意思是什麼，總歸一句話，就是台灣話說的——做到流汗，嫌到流涎（爲人做牛做馬還被人嫌得要死）。」

「對！家裡大大小小的事情都是我在做，本來我也不覺得有什麼累，總以爲能夠做就盡量做。該有人做，而別人不做，我可以做的，就一定會撿來做，也沒有想什麼對不對，或計較什麼的問題。但是漸漸的，我卻發現根本沒有人感激我，還被人取笑，笑我說——誰叫妳要選擇修菩薩道。」

「結果，搞得裡外都不是人，先生不諒解、婆家的人誤會我、不感激我，也就算了，偏偏連自己的父親生病了，也是我在照顧，弟弟們都躲得遠遠的，假日才來探望一下。可是，連我父親也一樣，幾乎都是我在照顧他，卻被他罵得最慘。父親難過時，需要我的幫忙；生氣時，他就會說狠話，說他死了都不原諒我。其實我也不知道他到底在說些什麼，只能自我安慰，因爲他是病人，一定有心情不好的時候，我忍一忍也就過去了。」

「可是有時照顧得心都涼了，想想，有必要爲大家做得這麼辛苦嗎？我也是人，還是個女人，也有脆弱的時候，但是似乎沒有人會同情我。」

於是我告訴她我看到的畫面。

「老天爺就是看妳在那一世裡離群而居，選擇出世的修行方式，所以在這一世裡，進一步的讓妳體會另一種的修行方式。爲什麼呢？如果祂們想要讓妳完成某項人世間的任務，那麼妳勢必要在人群裡完成。既然要在人群中完成，那麼妳就非得熟悉人世間的一切不可。妳必須了解一般人的心理、生理，甚至於其他種種的生活習慣等等，爲了了解它，最好的方法就是讓妳自己身歷其境，親身體會個中的所有滋味。唯有讓妳自己走過一趟，妳才能夠眞正了解它。知是一回事，行又是一回事，有時是知易行難，有時卻是知難行易，只有能夠知行合一的人，才會有所成長。」

「恭喜妳！不要難過，這表示老天爺看得起妳，讓妳有機會考更難的題目。妳身邊的人，未必在過去世裡和妳有因果關係，他們也許都只是妳的考題而已，加油！我不必多說，因爲既然妳曾是出家人，那麼就把過去世出家人所學的那一套，想辦法應用在這一世裡。看看到底是出家難？還是在家難？看看佛陀兩千年前所說的話，到現在是不是還適用？那些高僧大德有沒有妄語呢？」

祂們對婚姻的看法

要寫這一段，還得要很有勇氣才行，因爲一般人總認爲「菩薩都是勸人要吃素、出家，才容易修行」。各位，你知道嗎？我也曾經吃素過，不過只吃了兩個月而已，因爲體力不適應而作罷。後來通靈之後，爲了想和一般通靈人一樣，我又興起了吃素的念頭，只不過祂們來了：「妳不用吃素，妳要什麼都吃，不需要為了吃素，而給周遭的人帶來麻煩。要讓一般人知道，不吃素照樣可以修行！」

雖然我沒有吃素，可是現在的素食餐點確實很好吃，只是有的不便宜就是了。我比較喜歡簡單的飲食，簡簡單單可以過一餐就行了，實在沒有必要大動鍋鏟。不過，我非常佩服長年吃素的人，他們的毅力眞的很不簡單。

我的「祂們很鼓勵大家結婚」，為什麼呢？

如果過去世的你是男的，你沒有結婚，到了這一世，如果轉世成為女人，你可能就不太習慣當女人，因為你對女人不太了解。因此，有可能在很多方面，例如說話、動作、個性、裝扮等等，你會比男人還更像男人。如果你沒有結婚也就罷了，如果你結婚了，那麼大概也好不到哪裡。為什麼呢？因為，在最近的一世裡，你沒有結婚的經驗，根本就不知道如何「長年的」與另一種性別的「另一半」相處。

說穿了，就是你沒有「婚姻」的「學習經驗」。你可以反駁我：「前一世也許我沒有結婚，但是前二世、前三世還有前四世，我都有結婚的經驗。」是啊！少了前一世的結婚經驗，起碼就已經輸了百分之三十五，不是嗎？別人有百分之八十夫妻相處的「一般個性」與

「經驗」，可是你卻只有百分之五十五而已（請看《如來世3——因果論一》〈個性是怎麼形成的呢？〉）。

如果再加上在過去世裡是因爲惡緣而來重逢的話，那麼連這百分之二十的「特別個性」，也都是對自己不利的。請問，你該如何與你的另一半相處呢？既然是惡緣，就是要欠債還債，那又該怎麼辦呢？

如果你說：「那麼我就和上一世一樣，不要結婚不就好了！」是啊！你可以選擇不結婚，雖然不結婚，但該還的債務還是要還，這一世不還，未來世還是得加上利息繼續償還。再說，如果你連續兩世不結婚，那麼你「夫妻相處」的一般個性與經驗又少了百分之二十五。越來越慘，不是嗎？

你可以說：「不一定要當夫妻才可以還債。」是啊！那老天爺只好另想法子了。只好把你的債權人轉世變成你媽媽，一個因爲被先生拋棄，只好獨自撫養女兒長大的好媽媽。這位好媽媽因爲長期辛勞過度，最後累得長年臥病在床。請問你這位「孝順」的好女兒，該如何「反哺」呢？

如果你這一世是女的，你沒有結婚，那麼就得保佑自己下一世仍然可以轉世爲女人，否則，你就不太會當男人了。也許你會變成娘娘腔的男人，也許你很容易變成同志的一分子，同性戀往往是這種原因造成的。有位讀者告訴我，有個很有名的師父說同性戀者罪大惡極，她好難過，因爲她的小孩就是同性戀者。如果你和我一樣了解因果的運作，就不會用異樣的眼光來看待同志了。

但是，如果你是同志，當你看完這一篇文章之後，請閉上眼好好深思一下，想想看，你的下一步應該要怎麼走才恰當。眼光不妨看遠一點，想想今生，也想想未來世可能會如何。

想想，現在如果臨時有個機會，讓你插一腳，演舞台劇，導演希望妳女扮男裝，演一段先生罵老婆的樣子，難嗎？如果妳有婚姻的經驗，閉著眼睛也可以演得很傳神，如果妳未婚，可能就要花點工夫了。

很簡單的理論，就是因爲沒有太多機會可以讓自己選擇轉世生爲男人或女人，所以老天爺才會藉由「婚姻制度」，讓我們虛心的向另一種性別學習。不管是什麼原因來轉世，畢竟，經由婚姻，不管是男人還是女人，大概或多或少都能夠體認到一件事——如果我有機會當男人（女人），我就知道應該要怎麼做，才能夠當個令人欣賞的男性（女性）。

不要擔心「注定的婚姻」品質是好、是壞，我總以爲婚姻是經營來的；也不用擔心命中注定沒有婚姻該怎麼辦呢？誰說注定了，就不能改變呢？別忘了，還有百分之四十的命運是操控在自己手上。我常說：「如果你想要出家修行，我會建議你，等結了婚一段時間之後，再讓另一半高高興興的送你進佛門。」

當你看完這一章時，不妨再看看《如來世1——通靈經驗》的〈祂們說〉裡的「討論愛情」與「修行中的夫妻觀」這兩篇。你就會知道「婚姻」在轉世的過程中，的確占了相當重要的地位。

在此，我也願意告訴各位，爲什麼我會再度提起「婚姻」這一檔事？原來，這幾個月來，我「看到」好多過去世出家人來轉世的案例，在這一世裡，也許這些人個人的修養都很不錯，但是卻都有同樣的煩惱——夫妻兩人之間很難溝通，就算是因爲「善緣」而來轉世報恩，情形也好不到哪裡，往往是雞同鴨講，或者像火車的兩條平行鐵軌，好累！

過來人的經驗談

接下來的這些建議，不只是我個人通靈的經驗談，也是我自己和大部分來問事者的生活經驗談，姑且就把它當成「過來人的經驗談」吧！提供給年輕的朋友參考！禮貌上總是得說做個「參考」，其實也許就是「天機」！不是祂們的天機，而是我們人世間的「天機」，多少人累積下來的經驗談！

如果你決定要結婚，那麼請在適婚的年紀結婚，不要東拖西拖，拖到三十好幾了，才開始覺得不對勁，緊張兮兮。太慢了！不要說什麼「我寧缺勿濫！」「都沒有人來追我！」「如果命中注定有姻緣，那麼對方自然就會出現！」等等的藉口。

我覺得最奇怪的一點就是——有喜歡的爲什麼不去追呢？爲什麼一定就得等別人來追你呢？尤其是女孩子，誰規定女孩子不能倒追呢？告訴各位，我年輕時，倒追過好幾個男生。我表達我的意思，對方如果表明不喜歡我，那麼我就換另一個對象再追。我追求喜歡的、所愛的，有什麼錯嗎？我是單身，當然我有權利追求單身者。

很多三十多歲的單身女孩來到我這兒問婚姻，我告訴她：「妳沒有元配的命。」「妳是續絃命。」「妳是後母命。」男孩子也是一樣，好多都是：「你的對象是離過婚的。」「對方還帶著小孩。」每個聽到這種答案的，都一副很不以爲然的樣子。奇怪了，有什麼好懷疑的呢？這年頭離婚的這麼多，再婚的也越來越多了不是嗎？挑來挑去，挑到最後，吃虧的可能還是自己吧！

如果你們決定要有小孩，那麼還是請早一點結婚吧！我常聽到這類的問話：

「我因爲比較晚婚，所以很擔心高齡產婦的問題，妳看我有沒有小孩呢？萬一有的話，小孩會不會很正常、很健全呢？」

「女人的體力差一年就差很多，要生就趁早生吧！如果想要生兩個，那麼就接著生好了，帶一個也是帶，帶兩個差不到哪裡去，孩子有伴，教起來也比較容易。等孩子上了幼稚園，就差不多可以輕鬆了。」這是一般過來人的經驗談。

孩子要怎麼帶呢？如果要我回答的話：

「如果經濟許可，我希望做媽媽的親自養育孩子三年。」孩子將來的成績可以不好，但是人格不能出問題，而三歲以前正是人格的養成時期。

我常常會問一些過來人，不管是當爸爸的或是當媽媽的，答案都和我一樣：

「如果可能，孩子一定要自己帶比較好，因爲從小就了解孩子的一舉一動，孩子比較不會做多面人，也不容易變壞。雖然自己帶孩子很辛苦，但絕對值得！」

「不要等到孩子出問題了，變壞了，才想要爲孩子犧牲，太慢了！一切無法重新再來！」這些有心的父母總是會苦口婆心的規勸在場的年輕人。

站在因果的立場又是如何呢？還記得我一再強調的一句話嗎？「早還早了業」，這麼簡單而已。不管兒女是來報恩、還是來要債的，最起碼，爲人父母者就有該盡的責任與義務。如果你想逃避，那麼請不要生孩子，因爲——沒有必要害孩子。

我還是提醒你：「孩子是生來教的，不是生來玩的。」

我不反對離婚，但是如果夫妻想要離婚，請先三思一下，孩子怎麼辦？誰要帶呢？我碰到的案例，很多是推給孩子的阿公、阿嬤、外公、外婆在帶。可憐的老人家，拉拔兒女長大已夠累了，一大把年紀還得爲孫子輩操勞。以前夢想的是「養兒防老」，結果等到的卻是「養兒妨老」。年輕的一輩，良心何在呢？害了下一代，也苦了上一代，中間的這一代，卻自以爲有拿生活費回家就心安理得、天下太平了。

這還不打緊，我最擔心的是夫妻感情不好拿小孩子出氣，作爲報復配偶的手段，天啊！小孩何辜呢？孩子不是生來玩的，更不是生來讓你出氣的！當作出氣筒是一回事；有的剛好相反，覺得因爲大人之間的問題，害了小孩，於是就用溺愛的方式，拚命滿足孩子的需要，藉以彌補自己對孩子的虧欠。

通常事後的彌補都是用「金錢」、「物質」做補償，過不了多久準會出問題，變成了「阻礙孩子的成長」。因爲外面花花世界的誘惑力實在太大了，逼得孩子們年紀輕輕的就學會做雙面人，利用父母的心虛，想盡辦法從已分手的父母那兒「騙取」他們想要得到的東西。

如果孩子眞的在這種環境長大的話，他們犯錯了，要怪誰呢？能夠怪他們嗎？眼光不妨看遠一點，將來我們年老時，還是得靠他們。我的意思不是要靠他們養老，而是整個社會、國家都得繼續傳承、交棒，你放心交棒給這樣的下一代嗎？能夠不交棒嗎？能夠跳過下一代直接交棒給下下一代嗎？問題是下一代都出狀況了，下下一代會沒問題嗎？

天職與遺棄

*父母的天職

她問先生和她的因果。在過去世裡，先生還是先生，太太還是太太，結婚大概兩年，家中只有夫妻二人，沒有小孩，經濟狀況非常差，先生又臥病在床。太太因爲不想再照顧先生，於是把家中僅餘的財產收拾妥當，「棄夫離家」了。

「這是非常嚴重的因果罪，因爲在正常的狀況之下，夫妻之間本來就有互相扶持互相照顧的義務，何況是先生有病在身，所以照顧先生的身體就是太太的責任。再說，除了家窮之外，先生並沒有做錯什麼事，妳不但沒有照顧先生，又把家中值錢的東西統統帶走，這簡直是置先生於死地。」

「那一世的先生有沒有因爲這樣就死掉呢？」懂得因果的朋友問道。

「那個重要嗎？不管先生有沒有死，基本上，老天爺會認定先生是會死掉的。就像媽媽把一個小嬰孩放在搖籃裡，再把他丟到水面上隨波逐流，請問如果這個小嬰孩很幸運地被別人撿起來，你可以說丟棄小孩的這個媽媽沒有罪嗎？不但有罪，而且是相當重的罪，因爲小嬰孩隨時有溺水死亡的可能。」

「類似這樣子的情況，老天爺都會直接認定債權人死亡，所以是屬於欠命還命，債務人必須償還債權人一輩子。因果罪中，第一重的是自殺，第二重的就是害死別人，第三是阻礙別人的成長。一旦欠命，那麼欠情和欠錢也會跟著一起走，妳和他是夫妻關係，所以，欠情加重了，妳又拿走家中所有的財物，所以，連欠錢也都加重了。在欠債的因果故事中，往往當時的強者，在這一世裡就得繼續當個強者，然後再由這個強者負擔家中的重責大任，尤其是家中的經濟。請問妳要不要給妳先生錢呢？」

「什麼才給我先生錢，幾乎我所賺的錢統統都被他拿去花光了，我爸爸只好偷偷的拿錢給我家用，而且我先生也會打我。」

「雖然聽起來都是妳先生不對，不過，如果妳想要離婚的話可沒有那麼容易，因爲這是屬於欠一輩子的欠命。而且，就算要離婚，也必須由債權人提出來才容易離得乾淨，不會事後又牽扯不清。妳父母怎麼說呢？」

「我爸爸媽媽也和我先生談了好多次，可是他就是不肯離婚。」

「我和我兒子的關係，我兒子現在五歲。」這是她的第二個問題。

「完了！妳的小孩一定非常難養。妳怎麼老是在遺棄別人呢？在另外一世裡，我看到妳兒子還是妳兒子，那一世妳未婚生子，生下兒子之後不想撫養，於是把小嬰孩丟棄在別人家門口轉身就走，也沒有看看到底會不會有人發現小孩、抱走小孩。」

「那一戶人家剛好外出度假，好幾天不在家，結果妳的兒子活活被餓死、凍死了。這也是欠命還命，必須還一輩子的一種欠命。千萬要記得！父母養育孩子、教育孩子那是天職、是使命，在孩子尚未成年之前，是無法推卸的責任！要生就要養，要養就要教，不想養就不要生。」

「陳太太，我的小孩一出生就是天生腦性麻痺患者，他的成長遲緩，眞的非常、非常的難帶。」她很無奈的說著。

在祂們的觀念中，總是鼓勵男女應該要結婚，但是不贊成太晚才結婚生子，更反對由老一輩的祖父母，代替年輕的父母照顧孫子，爲什麼呢？

● 如果由祖父母照顧孫子，年輕人根本就無法學習到「爲人父母應盡的角色義務」，也無法領略到什麼叫做無條件、無止盡的付出。

● 父母與孩子之間代溝將會更嚴重，因爲祖父母年紀較大，學習能力與行動能力都會受到較多的限制，所以比較無法有效的教育小孩。等到把孩子還給年輕的父母們時，另一種代溝又出現了。

● 祖父母的體力、精力有限（晚婚生子也一樣），比較不能夠和孩子們一起做體能活動，而體能活動對孩子們來說，卻是必要的成長訓練。

● 一般而言，祖父母比較會寵孫子（老年得子亦同），又因爲年歲大了，比較管不動孫子們的行爲，所以容易造成阻礙兒女和孫子的成長。

● 把孩子留給祖父母帶，對離婚率年年升高有著很密切的關係。因爲年輕的父母們不需要實際付出行動去養兒育女，所以他們的日子可能就會比較優閒、比較好過，鬧起離婚來，也比較沒有後顧之憂，心想：「反正有老的會照顧小孩，離婚又有什麼關係？」等到年輕的夫妻離婚之後，就會眞的把照顧小孩的責任全部丟給老人家去處理。這時候的老人家要怪誰呢？

＊女兒哪裡去了？

第一次，三個姊妹一起來參加座談會。老二問，「陳老師，請問我和我兒子的因果。」

畫面——一個婦女彎下身來在地上幫一個小嬰孩包裹布巾。視線是從婦人的左後上方往下看的。

「在某一世裡，妳懷孕了，妳一心一意就只想要生個兒子，因為有了兒子傳後，妳才可以在夫家享受榮華富貴，但是聰明的妳又害怕生下來的會是個女孩，於是藉故到外地生產。沒想到，眞的是生下了一個女娃娃，妳自己找到了一戶剛生下兒子的人家，偷偷的將自己的女兒和別人家的兒子掉包，我看到的畫面是……，就是妳掉包之後，就地把男孩包好的畫面。」

「那麼我請問妳，妳的兒子現在怎麼樣呢？」

「他已經十多歲了，但是是腦性麻痺。照妳這麼一說，應該是我欠我兒子的，關於這一點，我絕對相信，因為全家大大小小都非常疼愛他。可是，他是個腦性麻痺的孩子，怎麼會快樂呢？」

「妳怎麼知道他不快樂呢？當然了，在這一世裡，受痛苦折磨的人一定是妳，既然妳要兒子，既然妳想要榮華富貴，拆散了別人的家庭，那麼老天爺只好這麼處理了。」

「那一世裡，被我換掉的女兒到哪裡去了呢？」

「她在這一世裡，並沒有來轉世。不過在那一世裡，她被那一戶人家虐待得很悲慘，因爲對方淸淸楚楚的知道她是被掉包的。」

「我相信，因爲我在夢中看過一個女孩用恨意的眼光一直瞪著我。」

「陳老師，我知道我錯了，我知道我該用什麼樣的態度來對待我的兒子，但是我該怎麼做，才可以彌補對那一世女兒的錯呢？」

「那妳就盡量去幫助那些受虐兒。」

第二次，還是三個姊妹一起來參加座談會。還是老二問：

「陳老師，我想知道我先生和我兒子有沒有因果。」

畫面——一個人躺在地上，一輛車正從他的小腿上輾過。我的視線就是從車子的右後方向前看。

「我看到的畫面是……，妳先生和妳兒子在某一世裡是好朋友，有一次，因為一言不合，父親打傷了兒子，兒子昏倒在地，父親見狀還惡意開車子輾傷兒子的雙腿。」

「在這一世裡，我妹妹的兒子，除了腦性麻痹之外，四肢也都不好又沒力氣。」大姊回應著說。

「對了，陳老師，請問我該怎麼做才能回向給我那個被掉包的女兒呢？」

「我所收到的訊息裡，妳和這個女兒可能在下一世裡必須做夫妻，女兒是先生，妳是太太，如果眞的是這樣，我建議妳多做一些排解夫妻之間誤會的和事佬。」

「可是妳上一次，叫我要多做一些照顧受虐兒的事。」

「沒有錯，因為她沒有來轉世，所以我會建議妳去幫助受虐兒，讓她在天之靈知道妳已經在改過了。可是一旦她來轉世了，那麼妳這個做太太的，假使一天到晚必須要忍受先生的辱罵挨打，你的心態要如何轉變才能夠調適得很好呢？所以我才會建議妳去做和事佬。因為當妳耐心在勸別人的時候，無形之中妳自己也在跟著學習跟著改進，到了下一世，如果妳女兒還是一樣恨妳，那時候，妳就比較能夠平心靜氣忍了下來。」

「我怎麼會這麼歹命，不過，我願意接受處罰，因為是我自己做錯了事。」

好勇敢也好明理的一位婦女，面對下一世苦難的日子，在她的臉上，我找不到一絲絲的畏懼。

婚姻與外遇

在我剛通靈的時候，來問事的，通常都是問些小孩子的教養問題；接著有一段時間，我也跟著兩岸湊熱鬧，專門回答一些包二奶的問題。第一本書出版了之後，隨著政治經濟局勢的不穩定，來問事的人，有很多人是問些移民、轉業、失業等等的問題，但是令我訝異的是，有絕大部分的人問的居然是有關於第三者的「外遇」問題，對這些人而言，他們的下一代似乎已沒那麼重要了。

從來問事的人所提出來的問題，我多多少少能夠了解這個社會出了什麼狀況，這是毫無疑問的，因爲就是碰到了不能解決或者是不好解決的問題，才會找上我（爲什麼就沒有人來找我是爲了帶點歡樂或智慧來與我分享呢？我好希望能夠碰到這種人）。

外遇也是台灣的問題之一

在《如來世1——通靈經驗》的〈祂們說〉那一章裡，菩薩時空的阿主、圓圓、阿尖提到了「討論愛情」，也提到了「修行中的夫妻觀」，但是在這一章中，我想和各位探討的主題對象是針對「外遇第三者」的問題。如果男女雙方都是單身身分，不管他或她是未婚或者是離婚，只要事發當時是單身的身分，那麼任何一個人都無法說他們的不是。

但是有些情況就不同了，什麼情況呢？例如，單身的介入有婚姻關係中的一方，或者是男女雙方彼此各有各的婚姻關係。這眞是個難解的問題，雖然難解，雖然是家家有本難念的經，雖然各有各的因果背景，但是，如果這個問題不拿出來好好面對的話，我相信光憑這個問題的後遺症，台灣就會完蛋。

你可以說我是杞人憂天，但是我卻認爲我有遠見，因爲越來越多的「第三者」自己來到了我面前，而且還是女的比男的多，而且還是有婚姻關係中的女人。這些人有很多有爸爸媽媽的身分，但是，他（她）們腦袋瓜中所想的、嘴巴中所說的，清一色是對方那個人，我不知道他們這些人的眼中，是否還有兒女的存在？是否還關心他們的下一代？如果很不巧的，又有其他非婚姻關係中的小孩要面對……，唉呀！問題大了！

任何一種愛情的感覺都絕對是「致命的吸引力」，人世間之所以充滿了喜怒哀樂，歷史之所以多采多姿、錯綜複雜，最大的因素就是「愛情」，尤其是「男女之間的愛情」。相信我，就算是我活到了一百二十歲，我也依舊天天在期待著「眞愛」的出現，我以爲眞愛就是一個我喜歡我欣賞的人，所以這個眞愛的標準也許會隨著時代的改變、年歲的增長而有所不同。

只是我一方面期待，期待著「擁有時」的歡心喜悅，一方面又害怕，害怕「失去時」的失魂落魄，而擁有與失去之間的「提心吊膽」，可能是我永遠無法釋放的壓力。我清楚自己的個性，我追求完美，但是我也知道，當我找到心目中完美的對象時，我未必就是對方心目中那一個十全十美的另一半。

男女雙方在談戀愛的時候，總是會讓自己表現出最好的一面，不相信的話，你可以回想自己的過去，也可以觀察周邊的親朋好友。大部分的人總是在結了婚之後才發覺當初的「夢想」似乎是越來越遙遠了，怎麼一下子之間，我認識的那個「夢中情人」全都走了樣呢？一個是晚上沒洗澡就睡不著覺，一個是覺得早上起來再洗澡才會有美好的一天；一個是牙膏從前面壓，一個是牙膏從後面擠；一個是睡前一定要聽輕音樂，一個是拚了老命似地在打呼；一個只吃米飯，一個愛吃西餐；一個精打細算，一個出手大方；一個對誰都笑嘻嘻，一個永遠臭著一張臉……。這種種出生背景、生活習慣或價值觀的不同，往往就成了夫妻雙方「分心」的開始。

可是有誰在婚前就看到了這些個不同呢？戀愛總是盲目的，不是嗎？光是這些就夠煩的了，更何況還得面對配偶家人的指指點點，這種日子到底要怎麼過呢？早知道就不結婚了。

是啊！如果早知道（千金難買早知道，萬般無奈想不到），如果一切都能夠「早知道」，也就不用來轉世了。結婚之前高高興興的對人說：「我們兩個是互補作用。」「我們兩個很有默契，好像雙胞胎來轉世。」結婚之後變得可真快：「我們兩個沒有共同的興趣，各走各的，誰也不理誰，個性又不合，一點默契也沒有！」「我太了解他（她）了，一點神秘感也沒有，生活上總覺得缺少了刺激，很無聊！」

當「分心」開始的時候，任何的藉口都絕對是正當的「分手」理由。當您餓到極點的時候，一小片麵包都是寶；當您渴到極點的時候，一小口水都可以救您的命，就是這樣，就在這個時候，第三者不聲不響闖進了您的心扉，要防它還眞的需要費點工夫。

所以說嘛！外遇的開始，絕對是有理由的（但是仔細推敲一下，似乎是外遇了之後，才忙著爲自己找藉口找理由的），就像前面說的，個性不合、家人相處不來、對方不長進、愛吃喝嫖賭、說話粗俗不文雅、教育小孩的理念不一樣……，我不是說了嗎？結婚之後就開始後悔結婚了。

其實不妨靜下心來好好想一下，婚姻生活中如果有一方有了外遇，似乎不是單方面的問題，我們只能這麼說，一方錯的比較多，一方錯的比較少而已。但是我所聽到的，絕大部分的人都是把矛頭指向對方，不管外遇的人是自己還是對方。

有時候當我在處理這種事情時，我知道菩薩們在說謊話，連祂們也在說謊，爲什麼呢？原來祂們心疼的是下一代——「父母的不是，爲什麼要讓孩子們來承擔呢？」我知道你們會說：「孩子的本命就是父母不合會離婚。」是啊！是他們的本命沒有錯，但是祂們也企圖在改變這百分之六十定數的離婚命，就只爲了讓我們的下一代有一個好榜樣可以模仿，祂們不得不說謊。

我不是說絕對不能外遇，我也不是說絕對不能離婚，我只是說當您發現事情稍有一點不對勁的時候，請先留步想一下，非到不得已的時候，也請再多方面考慮一下，好嗎？想想我難道就願意這樣偷偷摸摸、提心吊膽的過一輩子嗎？想想這麼做對得起自己的良心嗎？想想我可以處理自己的配偶、兒女等家庭的問題嗎？想想對方就一定有辦法處理他那一邊相同的問題嗎？想想他居然可以瞞著太太和我在一起，難道他就不會瞞著我再和別人在一起嗎？想想將來孩子必須要驗DNA……。

可以想、必須要想的，可眞是很多呀！所以當你想離婚時，請用最大的努力和愛心試著去挽回，給自己機會也給對方空間。

與第三者的問答

以下所說是以女人為第三者而做的問答，各位可自行將這個角色改為男人。

問：我先生（太太）對我很好，我不想傷害他（她），可是我又沒有辦法忘了另一個男（女）人，怎麼辦呢？我對另一個男人那麼好，可是對方卻不像我愛他愛得那麼多，為什麼他對我只有這樣子而已呢？

答：首先妳必須老實的面對自己的問題：

●當妳和對方在一起的時候，明知自己有家庭（或對方有家庭），卻還是和對方上了床，對不起，不要怪別人，妳自己錯在先。

●破壞了對方的家庭，就算對方的配偶不知情，但是妳能夠說這樣子就沒有錯了嗎？有沒有錯，妳心知肚明。

●不要那麼自私，只想到自己。妳說老公對妳那麼好，老公又沒有錯，妳不敢向他說清楚，其實妳內心裡眞正的心思應該是——「如果被別人知道了，或是離婚了，我會被議論紛紛，也會很沒有面子的。」

再來，既然當初是心甘情願的起了頭，然後在一起，是屬於「甘心付出」的一種，憑什麼道理，妳可以要求「獨占」這一個人呢？要求自己在對方的心目中占有百分之百的地位呢？要知道有了付出並不代表著一定會有收穫。我們沒有任何理由可以做這種要求，就算是夫妻之間的關係也是一樣，感情的「感覺」不是這樣衡量的。

問：是不是我們可以這麼說，走入宗教就可以避免第三者的情形發生呢？

答：哈哈！那妳眞的是太天眞了，假宗教之名而行騙的，我們就不必討論了，但是我們卻碰到過幾個比較特殊的個案，什麼個案呢？男女雙方的關係就是宗教的修行者，有的同爲師兄、師姊，有的就比較離譜了，居然是師父徒弟的關係或上師護持者的關係。各位和我一樣，很難相信會有這種情形發生，古人不是說「英雄難過美人關」嗎？也有一句名言「女人的故事總是少不了男人」，大概就是如此吧！千萬要記得——「修行是靠個人，不是靠宗教」。

問：可是這年頭，一旦男女發生了感情，不上床幾乎是不可能的事，有那麼大意志力的人可能都還沒有來轉世呢？

答：我也同意妳這一句話，但是不能因爲妳沒有看到，就認爲是不可能的事。怎麼說呢？因爲既然他們有那麼大的意志力，純粹只是「心靈分享」的親密朋友，沒有上床，外人就不可以認定他們一定就是屬於「第三者」那一族的。當然了，妳也可以反駁我說，心靈外遇比肉體外遇更嚴重，這點我也承認，但是這些人起碼還知道分寸，知道他們各自在人生的舞台上，必須扮演什麼樣的角色。

我可以舉個例子形容這種情形，各位不妨回想小學的時候，如果你喜歡班上或別班的某個異性，那麼你會怎麼做呢？如果對方功課好，我想你一定會乖乖的念書；如果對方總是穿得乾乾淨淨的，我想你也一定每天把自己弄得很整齊；如果對方是很會唱歌的，我想這回就完蛋了，因爲你的家人必須忍受你的吊嗓子功夫……，諸如此類的模仿和看齊的行爲，我想各位多多少少總會有一點印象吧！這個年紀的我們會幻想著和對方一起上床嗎？好像還不至於吧！（以前的時代可能是如此，但是現在的社會似乎是失控了。）想想，那時候的我們好可愛好天眞！那麼小的年紀居然會因爲喜歡對方而強迫自己向對方學習。注意到了嗎？重點就是──「關心對方並向對方學習」。

同樣的，如果我們能夠把自己內心喜歡的對象當成是我們模仿的偶像，一來，就不會那樣的盲目，因爲對方必須要有可以讓我們學習的地方，才値得我們和他交往；二來，我們的重點是在學習他的優點，不管是在做人做事或者是其他方面的優點，我們都可以學習，但卻一定要有個距離，因爲我們一定要保持著「我有而他沒有」的優點或特殊風格；三來，學習的過程中，也許會讓自己更喜歡他，但是包括該不該愛上他，就算愛上他又該如何對待他，才不會讓自己逾軌又可以滿足自己對他的感覺，這個才是眞正的魔考，才是眞正的學習。

以下是我個人的看法──我覺得是不是我們可以用「關心另一個人」來代替「愛上另一個人」呢？其實關心和愛上也只不過是字面上的不同而已，但是我以爲如果能夠用「關心」

來作爲「愛上」之前的最後防線，也許會是個很不錯的方法。

關心另一個人的同時，是否您也能夠關心他的家人呢？是否也能夠讓自己的配偶知道自己有這樣一個可以學習的偶像呢？是否也能夠讓對方和自己的配偶成爲可以互談的好朋友呢？再說清楚一點，就是讓兩家的成員互相成了好朋友。

用「關心」來作爲最後的防線，我想這麼做，多多少少應該是可以稍微控制一下自己可能會犯下的錯誤。如果是對方想要越過這道線，那麼，你就更應該要堅持這個防線的存在，如果你是清醒的，你就會明白一件很重要的事了——原來，原來對方已不再是我可以模仿的對象了，到此結束，再見！

我相信很多人會在私底下說：「那是因爲妳沒有經歷過，所以妳才會說得這麼頭頭是道，我就不相信，如果讓妳碰到了，妳會跳得出來。」是啊！我絕不否認你說的話，會說的人並不代表會做的人，但是，會說的人也並不代表他就一定做不到。我在高一升高二的時候，就開始和男孩子通信了，對方是一位住在新營的農專學生，相當不錯的一個男孩子，那是我參加珊瑚潭野營隊的時候認識的。

女兒最近問我說：「媽媽妳幾歲的時候開始交男朋友呢？」我一五一十的告訴孩子們，

我也告訴他們：「我覺得在那個時候，我一定傷了那個男孩子的心，而且還傷得非常厲害，媽媽當時眞的是做錯了，我希望我的例子可以讓你們做個借鏡。」到了二十七、八歲的時候，我還曾爲了另一個男孩子定下了遠走美國的計畫，衣物都寄走了，只是人已全非……。

我也是個人，是個女人，也一直幻想著能夠永遠沉浸在愛情的甜蜜裡，但是誰又能肯定告訴我，愛情一定就是甜蜜的呢？也許你我不同的是，我的愛情故事沒有你那麼轟轟烈烈或刻骨銘心或難以割捨；也許在緊要關頭的時候，我會讓自己的心靜下來，好好思前顧後想一下；也許沒有太多的過去世因果糾纏著我；也許我的心不夠狠，動作不夠快；也許……。

我有我的另一套理論——當事情發生在我身上的時候，我不敢說我一定做得到，但是我一定會盡全力就是了，因爲無論如何，我都必須要爲自己「婚姻的選擇」負最大的責任。

※　　※　　※

問：陳太太，在這一世裡，我能不能和我先生白頭偕老呢？到了下一世我們能不能夠再來做夫妻呢？

答：要白頭偕老很容易，反正現在染髮技術那麼好，有什麼困難呢？至於還想要有下一世，恕我一句比較不客氣比較開玩笑的話——「妳那麼不長進嗎？難道別的男人有的優點而妳先生沒有的，妳都看不到嗎？這不就表示你們夫妻兩人都不夠長進嗎？」先生不會去欣賞別的女人，太太也不會去欣賞別的男人，這在成長的過程中並不是個好現象。

祂們常常告訴我說：「一定要會懂得去欣賞別人的優點，不管他是男人、女人還是小孩，欣賞他們，繼而學習他們。」至於配偶願不願意和你同步成長，那並不是你能夠控制的，你可以引導他，但並不代表他一定會受你的想法左右。

越多的學習，越多的成長，就應該更清楚的知道，不管配偶有沒有同步成長，既然是夫妻，無論如何，你都得「尊重對方的存在」，就是這麼一句話，你可以不欣賞他、不學習他，但是你必須尊重對方是你在這個人世間法律地位上的合法配偶，這絕對是修行上必須要有的一個基本認知，沒有任何的藉口。

有沒有人專門探討過這個問題呢？也許吧！也許時代進步，女權抬頭，容易找到工作，經濟不受控於先生，於是比較有能力打扮自己，也讓自己跟得上社會的潮流，再加上越來越低的出生率、媒體的報導，以及越來越強調發展自我的時代觀念，於是乎光要用「家庭」兩個字，就想束縛住女人，那已是太落伍的想法了。可是我們也可以發現到——「破碎的家庭」比「貧窮的家庭」更容易出現「問題的小孩」。

唉！也許是女人太會自作多情吧！一般而言，男人是屬於熱愛工作型的，女人是屬於天生母性型的，光是為了這個天生的母性，我們就得從少女時期忍受到更年期結束，這麼一段長的時間必須與「經期」為伴，忍受著它所帶來的種種不便與身體上的病痛，又豈是任何一個男人可以體會得到的。

所以下次如果聽到有男人藉此取笑女人的話，沒有關係，不需要和他頂嘴，妳可以請菩薩保佑，保佑讓這個男人下一世轉世為女人就好了。因為妳再怎麼說，他們絕對體會不出來從下體流出經血的感覺，也絕對無法感受到生產時陣痛的恐懼。

也許也就是因為女性天生的母愛作祟吧——想要保護別人、想要照顧別人——所以讓自己在不知不覺中就陷入了第三者的尷尬處境，我知道要走出來眞的是很難，但總是得試試看吧！就給自己一個機會吧！

問：照妳這麼一說，那麼我乾脆就不要結婚好了。

答：妳不結婚，照樣可以做個第三者不是嗎？妳只不過是不用忍受別人破壞妳的家庭罷了。但是站在祂們的立場，基本上祂們還是認為「結婚」比「單身」好。

想想我們這一章所談論的主題，不管你是第三者，還是被第三者破壞，你的心路歷程就不是一般人可以理解的，取捨之間，就會讓你苦思良久，讓你好好想自己、想想配偶、想想對方、想想其他家人的感受，逼得你自己不得不去面對問題、解決問題。如果婚姻生活中沒有第三者的介入，那麼光是和公婆、配偶、兒女等家人的相處問題，也是大事一件。再來，兒女的問題，更是困擾著所有的父母，怕不會生，生了怕不會養，養了怕不會教，教了怕不聽話……所以嘛！養兒方知父母恩。

在我接觸的個案中，發現到一件很有趣的事情——那些沒有結婚的女孩，似乎生活上總是缺少了重心，她們會問：「妳看我哪時候可以嫁得出去呢？」

那些結了婚的，常常會數說公婆、先生、兒女的不是，大部分都會問一句話：「妳看我什麼時候可以離婚呢？如果讓我重新選擇，我會選擇不結婚。」

那些離過婚的，落寞中總帶點無助與孤寂，也總是問我一句話：「我還會不會有第二春呢？我的第二春會比第一次好嗎？」

多矛盾的女人啊！難道說轉世爲女人就眞的是輸掉了一大半嗎？我想所有的女人都不希望答案是這樣的，我們願意相信答案應該是——「因爲女人比男人更有柔軟性，更有堅毅性，所以她可以承受如來佛所賦予的更大重擔。」我們曾經年輕過，我們也一定會老，在活生生的生活中修行，我相信，女人絕對比男人更有機會成就的，不管她是來償債的還是純粹來修行的。

想想，光是婚姻與外遇的問題就可以讓我們成長多少，只不過在這個成長的過程中，我們該如何用慈悲與智慧的角度，去思考身邊的種種問題罷了。在修行的路上，最難考的題目一定是你唾手可得的生活問題，如何用最少的「代價」獲得最高的「評價」，就看每個人的功夫了。

※　　※　　※

問：請問被先生遺棄的老婆、被太太甩在一邊的老公，又該如何面對配偶不貞的事實呢？

答：在前面我也提過，「婚姻生活中如果一方有了外遇，似乎不是單方面的問題，我們只能這麼說，一方錯得比較多，一方錯得比較少而已。」不可否認的，當事情曝光的那一刻，世界好像整個給毀了。

一般來說，女的比較容易原諒先生的外遇，旁人也總是說：「給他一個機會吧！浪子回頭金不換！把心胸放大一點，想想離了婚孩子怎麼辦？妳自己一個人可以養活他們嗎？萬一妳再結婚，難道下一個對象一定會比第一個好嗎？」

但是反過來呢？真的是……唉！一言難盡！「男女平等」這四個字用在外遇身上絕對是「行不通」的。我碰到過許多被先生「二話不說就趕出家門」的太太，就算是離了婚，見了面還是消不了心中的那一把火：「妳這個齷齪的女人！」

如果女人可以原諒男人，爲什麼男人就不能原諒女人呢？我也見過很多已經眞正回頭眞心改過的女人，但是「大男人的沙文主義」在這裡表現無遺。也只有在這個時候，才能夠更清楚的知道男人的修行程度有多高，所以我才會說：「轉世生爲女人，不管是要來償債的還是要來修行的，她們絕對比男人更有機會成就的。」

如何面對配偶的不貞，我個人覺得「冷靜」是一定要的，我不是這方面的專家，從我口中說出來的話，往往是很俗氣的一番話，就是前面的那一段。也許我會爲妳調調看有沒有因果關係，妳和妳先生的過去世因果，或其他可能造成先生外遇的因果；也許祂們會教妳如何從某一個角度去看待這一件事；也許祂們會教妳如何經由改變妳自己而改善妳和先生之間的關係；也許祂們會說：「妳欠他一輩子，妳就認了吧！」「你們一定會離婚的！」

這也許是眞的，但也別忘了這只是占百分之六十的比率而已，妳還可以有百分之四十可以改善的機會。一個重點，要改變別人之前，必先改變自己，自己有心想要改變，做起來比較容易，但是企圖改變他人，除了技巧之外，時間也是一個很重要的因素，因爲「外遇」是一種「感覺」，而「感覺」並不是那麼容易說斷就斷的，要挽回一個人的心，確實是要很大的努力，但並不是說絕對做不到，我就看過很多成功的個案。

※　※　※

問：如果說第三者是因爲因果上的原因而造成的，那麼我們又該如何看待呢？很多走上外遇這一條路的人也是滿可憐的，他們也「不想要如此」，會變成這種結局也是「很無奈」、「沒有辦法」的事。

答：是的，確實是有一些外遇的個案是因爲過去世因果上的關係而發生的，我們可以分別來說明。但是，必須要先有個正確的觀念，「錯就錯」，不要事後才說「不想要如此」、「很無奈」、「沒有辦法」，更不要動不動就將自己的過錯推給過去世的因果，因果的道理，絕對不是這樣解釋的。「推給過去世的因果」是一種相當不負責任的態度，因爲老天爺絕對不會把「外遇」變成是「果報」的一種。

● 如果妳是「債權人」的角色，譬如對方的妻子上一世裡破壞了妳的家庭，所以在這一世裡，妳要來報仇，妳報仇的對象是他的妻子而不是這一個男人。但是妳能夠告訴我妳一定可以要債要得剛剛好嗎？也就是說，如果她只欠妳六分，而妳卻要了八分，那多出來的兩分，豈不成了下一世妳要還她的業嗎？妳由債權人變成了債務人，還得背負著破壞別人家庭的壞名聲，到了下一輩子還得再還她，划得來嗎？

●如果妳是「債務人」的角色，譬如在某一世裡妳破壞了別人的家庭，而在轉世的過程中，妳並沒有學到教訓，也沒有心想要眞心改過，於是到了這一世故態復萌，又去破壞別人的家庭（我說過，壞的學習經驗一樣可以跟著轉世的），不但舊債不還不打緊，沒想到又欠下了新的一筆債務，當然了，這一筆新債並不一定就是同樣的一個債權人。如果繼續這樣下去，要到哪一世妳才有反輸爲贏的一天呢？

●如果妳是來報恩的（通常這種狀況比較多，所以總是會有一方甘心做黑市的），舉個例：在這一世裡，單身女子愛上了有婦之夫，原來在某一世裡，這個女的不小心掉到了河裡，差點溺死，是這個男的救她起來的，於是到了這一世，她碰到了他，自然而然的就想要對他好，要謝謝他，只不過她用的方法不太恰當罷了，她用了「許身」的方法。

很多坊間的算命師，總是勸男方的太太要忍，說這個女人是來報恩的，沒錯，報恩是眞的，但非要用這種方法嗎？我們可以勸太太要「忍」，但是我們不可以認爲這個許身的女人作法是對的。也許妳可以說這個女人前世是個妓女，是這個男人好心爲她贖身的，所以她當然可以在這一世以身相許了，妳以爲是可以，我卻不以爲然！不要把什麼都推到因果的框框裡，因果的定義解釋絕對不是這個樣子的。

●既然是來報恩的，是不是就該多爲對方想一想呢？妳是帶給了對方心靈上的安慰、肉體上的快樂沒有錯，但是其他的呢？妳可以說：「我又不要任何的名份，他又不愛他老婆在先，認識我在後，我又不要他拿錢來養我，我有錢可以養活我自己，我也可以養他和養他的家人，甚至於還可以拿錢出來幫助他的事業，我的要求不多，我只要他能夠常常來看看我就夠了。」

就這麼一點點的要求，妳就已經毀了他的名聲、他的家庭，也許連他的事業也一併給毀了，不管怎麼說，妳多多少少一定會帶給他生活上的一些困擾與不便。妳以爲這樣做是在報恩嗎？我卻以爲那種結果是在報仇，既然是要來報恩，那麼把錢借給他或送給他不就行了嗎？還需要什麼附帶的條件嗎？

●如果站在過去世「施恩」的那一方，又應該是什麼樣的立場呢？例如在前例中救起溺水女子的那一位男士。既然在過去世就已經會做善事，那麼到了這一世又豈可將自己好不容易積存下來的功德給毀了呢？如果說「施恩只想圖報」，那麼這種善行不提也罷，更何況在經過轉世之後，施恩的人如果還想要求對方報恩，請問，憑什麼呢？證據在哪裡呢？

●如果沒有任何的過去世因果，就只是在這一世裡才開始的行為，那麼是不是更應該要多加注意，是要變成債權人呢？還是債務人呢？

●如果是修行者，那又應該怎麼說呢？連這麼簡單——「尊重配偶的存在」的基本功課都做不到了，還談什麼修行呢？妳說另一個他才是妳的「正緣」，又有誰規定非跟正緣的膩在一起不可呢？正緣也只是百分之六十的定數，妳就不能去追求另外的百分之四十嗎？妳有婚姻，上師是個單身，妳壞了妳自己的修行，師父自己也通不過妳這個魔考；妳是單身，師父有婚姻，那又差得了多少呢？

現在最流行的一句話就是「我們師父是有天命的人，我們是雙修，所以可以不用遵守婚姻的戒律。」如果妳認為還是沒有錯，那麼妳這種行為和真正的「狐狸精」又有什麼差別呢？我是說重了點，但也是事實。連這一世在人世間最基本的法律都不遵守，又豈能相信這些人會遵守上天的法律，既然出生為人，就得遵守您身為那一國人的那一國法律。

別人可以說是「天命」，萬一那一天我也做錯了，那絕對不是我的「天命」，而是我「入魔」了。最後我用一句最簡單也最容易記得的話作爲這一章的結束——「愛他（她）就不要害他（她）」。

婚姻與兒女

問：我未婚，我想問我將來的對象應該找什麼樣的比較好。

答：你們知道嗎？以前我在土城算的時候，我規定只要是未婚的，一定要帶家人一起來才可以，不帶家人來的，我就不會爲他（她）服務。爲什麼呢？因爲婚姻常常會牽涉到雙方的家人，如果能夠得到家人的祝福，以後和配偶吵架了，也才有靠山。再說，一般的父母，總是不希望自己的兒女找的對象是有過婚姻紀錄的，但是偏偏有些人的命卻必須和這樣子的人結婚才會幸福，所以我要求帶家人一起來，最主要的目的就是我讓自己變成了「說客」。

後來爲什麼改了這條規定呢？因爲有一次，有一位小姐在電話裡這麼說：「陳太太，我是未婚沒有錯，不過我已經四十歲了，我和媽媽住在一起，媽媽也已經七十多歲，行動又不太方便，而我又是個獨生女。」天啊！我還能要求什麼嗎？這位小姐，在七月七日的座談會時，我們又碰頭了，我一眼就認出她來，還把往事說出來讓在座的分享我的過去。我問她結婚了沒有？她說，妳不是叫我不要結婚嗎？

我說，妳爲什麼那麼傻，爲什麼要被我騙呢？我是這麼覺得，年輕人應該要有「追求理想」的勇氣與毅力，理想有很多種，學業是，事業是，當然了，感情也絕對是一種理想。爲什麼這麼年輕就要爲自己設限呢？我告訴了你命中的答案，你爲什麼要相信我的話呢？你爲什麼不去追求不去製造，不去逼迫老天爺行動呢？逼祂們把不是命中注定但卻是更好的對象，明明白白的帶到你跟前呢？請再把《如來世3——因果論一》的〈命運是定數嗎〉那一章拿出來，用心的再讀一讀吧！

我自己是過來人，我對愛情的看法，一向是我自己主動追求。一開始我就劃淸界限，我是要找結婚的對象，不是要找玩樂的伴侶，目標看準了，倒追！如果知道對方已有心儀的對象，二話不說，自動退出，天底下又不是只有他一個男人。如果表明了，對方不接受，也是二話不說，何必自找沒趣。如果，換過來，是男的追我，我不喜歡，還是二話不說，一定馬上表明，速戰速決，不要欺騙對方的時間、感情和金錢。

總之，我一直就是做個主動者，我不交男朋友，我只要找可以當先生的對象。我不是沒有經過挫折，但是挫折只會讓我更加認識男人，只會讓我調整選擇配偶的條件而已。

同樣的，男孩子對事業的態度，我也認爲應該要有追求理想的勇氣與毅力。你有你的興趣、你的理想、你的抱負，爲什麼不一步一步的進行呢？當然了，好高騖遠是不對的，但是如果只是一味聽信「命中注定」的話，那我就非常不欣賞這種人了。

因爲就算是好命，若是你不去爭取不去努力，只在原地一點都不動，你以爲好運會自己掉下來嗎？就算掉下來了，你保證一定接得到嗎？舉個特別的例子，那些中樂透大獎的人，他們事先總得先買張彩劵吧！別忘了，有夢好美，但是尋夢的過程更美，若是能夠圓夢，夢裡也會笑。

我能奉勸各位的一句話就是──「騙色也就算了，別連財也騙了。」不用懷疑，我沒有說錯話。這年頭，先上車後補票的也許是多了點，但是先試婚再結婚的，的確是非常的多。所以，心甘情願上了床，事後就不要昧著良心告別人，不要得不到就撕破臉，不要以爲妳是女孩，在因果律上妳就擁有特權。這麼大的人了，在這個時代，還相信什麼「山盟海誓」、「非卿莫娶」，除非是被強暴是被放了藥是對方做了不法的事……，否則，願者上鉤而已。妳以爲贏得了法律，卻沒想到輸掉了因果，眞的是要好自爲之。

有很多來問事的，還是高知識水準的，爲了男友，不但和對方同居（在此，姑且就假設這些男人都是未婚的），還把自己辛苦賺來的錢拿給男友花用。更離譜的，女孩爲了男孩的需求，有的偷了母親的存摺，有的向銀行貸款，有的向同事標會……，我不會危言聳聽，除非這些女孩是騙我的。

「妳爲什麼會這麼傻呢？」

「可是，可是我男朋友說不久的將來，他一定會娶我的。」

「我的訊息裡，這個男孩子很會賭。」

「還好啦！他只是打保齡球的時候，才會跟別人賭。」

「我還是第一次聽說打保齡球可以賭博。」

「可是他賺的錢都交給我。」

「那我問妳，他一個月交給妳多少錢呢？」

「兩萬塊。」

「那我再問妳，妳有沒有算過，他一個月大概要花多少錢呢？」

「他平均一個月要花五、六萬塊。」

「那他很聰明嘛！交給妳兩萬塊，再從妳那邊拿五、六萬塊。」

我和另一個女孩的對話。

「妳說你們認識都快五年了，那我問妳，妳有沒有去過他家呢？」

「我男朋友說，適當的時候，他一定會帶我到他家見他的家人。」

「都快五年了，連一次適當的時候都沒有嗎？」

「可是他說早晚一定會帶我去的。」

「那妳現在幾歲了呢？」

「我已經三十三歲了。」

「是啊！妳已經三十三歲了，妳以為還有幾個五年可以讓妳這樣耗下去呢？」

知道嗎？我以前是怎麼知道男孩子對我有沒有意思呢？通常我會在交往幾次之後，突然對男方說：「某一天，我有空，我很想去你家玩玩。」接著，我就會注意看他的反應會是如何。如果，他很高興還表示說要趕快通知家人，那就表示他把我列入考慮的對象，等去到了他家，再仔細觀察其他家人的反應。如果，他支支吾吾老半天，找了一大堆的理由搪塞，那麼先說再見的人，一定是我不是他。（現在回想起來，奇怪！當時的我，怎麼會來這一招呢？沒有人教我啊！）

天啊！難道這年頭，女孩子眞的都是那麼好騙的嗎？是好騙呢？還是心甘情願被騙呢？還是年紀大了，害怕嫁不出去，想用這種方法拉住對方的心呢？這不就是另一種的「願者上鉤」嗎？如果妳不願意上鉤，爲什麼不立借據呢？爲什麼不會採取保護自己的手段呢？以後萬一撕破了臉，這筆借貸又該怎麼算呢？告他嗎？天啊！

「可是，我算出來妳結婚的對象，根本就不是他，他擺明著就是要利用妳的錢而已嘛！妳命中的對象不錯啊！趕快離開這個男孩子吧！」

「可是，我借給他的那些錢，怎麼辦呢？拿不拿得回來呢？萬一拿不回來，我還要工作幾年才有辦法還淸呢？我的年紀已經不小了啊！如果我現在就決定離開我的男朋友，萬一命中的對象出現了，如果他知道我還有欠別人錢，而且還是爲了另一個男人欠債的，那我又該怎麼辦呢？」

最後，這一段話，幾乎是這種女孩都會說的一段台詞，一邊哭一邊說，我都會背了。早知如此，何必當初呢？難道這些女孩沒有一個知道可能會有如此的下場嗎？這就是我爲什麼會說：「騙色也就算了，別連財也騙了。」

＊嬰靈

「太太（小姐）！我看到妳的後面跟著一個嬰靈！」

「啊！爲什麼？怎麼會這樣呢？」

「妳最近一定很不順吧！我告訴妳，就是跟在妳後面的這個小孩在作祟的緣故，如果妳不處理，將來一定會越來越糟糕！我不騙妳，因爲我有天眼，所以我看得到。我是看妳跟佛很有緣，所以才會好心的告訴妳。妳以前是不是曾經拿掉小孩？」

「可是我還沒有結婚，也從來沒有拿掉小孩，不可能會有嬰靈跟著我。」

「我說的不是這一世，我說的是以前的事。在過去世裡，被妳拿掉的小孩想要來向妳要債。」

「天啊！我該怎麼辦呢？」

「我有認識高人，他的道行很高，可以幫妳超渡這個小孩。可是他很少幫人做這種事，除非有人特別介紹。」

「那請你幫我介紹好不好？」

上面這一段對話，我聽多了，不是別人對我說的，而是被說有嬰靈附身的人來對我說的。除此之外，還有男士告訴我：

「我過去世裡的太太是不是跟在我後面，不然為什麼我的事業都做得不順呢？」

對於這一類的問事者，我的開場白通常是：

「妳看到了嗎？還是妳感覺到了？不然妳怎麼會知道有陰魂跟在妳後面呢？」

「我沒有看到，可是我有感覺到。」

「妳是怎樣感覺到的呢？」

「因為有人看到之後告訴我，然後慢慢的我自己也感覺到了。」

「我先問妳一個問題，如果沒有人告訴妳，妳自己怎麼會知道呢？是看到？聽到？還是感覺到？如果是感覺到，那妳告訴我，是什麼樣的一種感覺？我再問妳，妳到底是用什麼辦法證明妳在過去世裡一定是女人？而且這個女人又一定拿過小孩呢？奇怪了，對方怎麼不說妳後面跟著一個女人呢？說妳在過去世裡是男人，而這個男人害死了一個女人呢？」

「想一想，如果在街道上，有個一、兩歲的小孩，甚至於是只有幾個月大的小孩，這小孩獨自一個人走著、坐著或躺在地上，也許是在哭、在叫甚至於只是傻傻的站著。妳會多看他一眼嗎？妳會過去關心一下嗎？妳會帶他去警察局嗎？一般的世間人，都會有這種最基本的惻隱之心，想一想，難道菩薩會這麼狠心，讓這麼多小嬰兒在靈界中漂泊嗎？如果菩薩這麼做，那麼我們又何必要恭敬祂們、拜祂們、向祂們學習呢？」

「拿掉小孩不是沒有因果，只是因果輪迴轉世，絕不是這樣的運作方式，小生命被媽媽拿掉已經夠可憐了，妳還忍心看他們在靈界到處飄蕩嗎？如果換成妳是菩薩，妳忍心這樣做嗎？」

想想，應該如何制訂一則「很公平」的因果律，專門針對那些拿掉小生命的媽媽或爸爸，來個很公平的處置呢？要注意的細節有很多喔！例如，有的是因爲小生命本身出了問題，有的是媽媽的身體負荷不了小生命，有的是媽媽被強暴了，有的是媽媽太隨便了，有的是爸爸不負責任……。記得！拿掉小生命這件事，不是只有媽媽才有責任，做爸爸的也一定要負責！

＊墮胎

這是夫妻之間過去世的因果故事，卻很像是現代版的劇情片。

先生是個體育男老師，妻子是個像大學生一般年紀的學生，老師喜歡學生，學生也喜歡老師，久而久之變成師生戀。不久女學生懷孕了，她想要拿掉小孩，可是男老師不同意，他很誠懇的向女學生表示：「那麼我們結婚吧！」可是女學生以課業爲重，不想結婚也不想要有孩子。但是不管怎麼說，男老師就是不准女學生拿掉孩子。

學生火大了，於是就對外造謠，告訴校方說，男老師強暴她，而且也害她懷孕了。基於校規，男老師被解聘，從此離開教職，女學生則順利離開老師，也拿掉了孩子。

「妳有孩子嗎？」

「沒有！」

「妳知不知道，爲什麼我會問妳有沒有孩子呢？因爲根據這個因果故事，在這一世裡，如果妳想要有孩子，實在是很難。因爲在過去世裡，既然妳不喜歡孩子，那麼在這一世，就算妳想要有孩子也不容易。」

「可是我和我先生是商量好的，所以才不要有孩子。」

「就算你們不商量，也是沒有孩子。」

「可是我們是絕對不會有的。」

「妳爲什麼會這麼說呢?難道你們都沒有行房?」

「對!我和我先生相戀八年,結婚七年,結婚之前,我們兩個非常的好,可是結婚之後,一次行房都沒有。我先生自己也不知道爲了什麼,他就是不想和我一起辦事。」

「因爲在過去世裡,妳誣陷他,害他丟了頭路,而傷害一個人的名譽,就等於是傷害了一個人的生命,因爲名譽是人的第二生命。所以在潛意識裡,他很淸楚的知道,如果他再度和妳在一起,可能又會有莫名其妙的事情發生,可能又會被指控爲強暴,所以他會很害怕和妳一起辦事。」

「可是他的算盤也打錯了,因爲他想要來跟妳要債,那麼,他也必須同時接受當時的女學生,而當時這位女學生是惡意墮胎,所以她在這一世可能就沒有孩子的命。換句話說,如果你們離婚了,而他又娶了別人,那麼他們可能就會有小孩,如果是妳又再婚,妳就有可能一樣生不出小孩。所以我一再的提醒大家,要學會原諒別人,不要報復。」

「奇怪的是,受不了婚姻生活的,往往是因果故事中的債務人,這些人一心一意想要離婚,而因果故事中的債權人,卻偏偏不想要離婚。還記得嗎?債權人有絕對的優先權,債權人不提，就算被債務人逼急了，而不得不簽字蓋章，那麼婚姻也很難離得乾乾淨淨，也就是說還會有後遺症的。」

＊你會有小孩嗎？

問：為什麼現在有很多人沒有小孩子的命呢？

答：通常我最常調到的原因是，在過去世裡墮胎，拿掉小孩。那種不該墮胎而墮胎，或是屬於不合法的墮胎，不管你是元凶還是幫凶，在未來世裡，一定有機會讓你嘗到沒有小孩的滋味，不管你是轉世為男人或女人，你一定是個非常希望有小孩子的人。

另外，還有一些其他的原因，例如在過去世裡遺棄小孩、傷害小孩或惡意殺生等造成的後果。因為老天爺認為，這些人既然這麼不喜歡小孩，這麼不懂得生命的可貴，不懂得尊重別人的生命，那麼在未來世，就繼續成全他們吧！如果墮胎的原因，是因為母與子只能選擇一個，才可以保住生命，那麼，為了保住母體而犧牲肚中的嬰兒，是沒有罪的。

問：那所謂的「嬰靈」又是如何呢？

答：我的因果理論裡，幾乎沒有嬰靈的存在，道理何在呢？我們可以換個角度來探討這個問題，如果我是那個被你墮胎掉、被你遺棄、被你惡意傷害的小孩，若是我想要報復，那麼最直接的方法，就是我自己來轉世，親自來找你算帳，如此一來一往，才能眞正消滅我這顆小小心靈的怨氣。

可是最聰明的方法，卻是原諒你這個不負責任的父親、母親或其他當事人，一旦原諒了你，那麼我就沒有必要跟你來轉世受罪，因爲爲了要讓我親眼見到你的痛苦，我也一定好不到哪裡去。

所以當我這個債權人，宣布放棄向你親自要債之後，老天爺自然就可以接手安排你的命運，來個公訴罪，只要製造一個天譴或劫數，就可以很輕易的讓你在未來世裡，親自嘗一嘗那一種滋味——那種我在過去世，被你惡意甩掉的滋味。就算這一世的你，千拱手、萬磕頭拜託我來，怎麼說我也不肯來、不敢來了，爲什麼呢？我很害怕再次被你甩掉！再次被你惡意傷害！

＊販嬰

在座談會中，她問有沒有孩子的命。過去世裡，她是個男人，住在山上，山上的族人過著非常窮困的生活，有時候不得已之下，只得販賣親生的孩子度日，而他的工作就是「販嬰」，身邊還有保鑣跟隨著。他不僅僅販嬰，還從中謀取不該得的差價，舉個例，如果甲方的賣價是六十元，加上他的仲介費十元，照理說，乙方應該支付七十元，可是他卻謊報九十元，多收了二十元，私吞下來。

「他們不得已販賣自己的孩子維生，已經夠可憐了，你卻從中不當得利，實在是太說不過去了，這和趁火打劫沒有兩樣，你不但沒有同情那些賣小孩的父母，也沒有為生不出孩子的夫妻想一想。如果過去世的因，眞是如我所看到的這樣，那麼在這一世裡，妳想要有個孩子，可能就相當困難了。」

後來她報上了「一對一」，和我聊了她的家庭背景。她說，她的生母生了很多個孩子，把其中的三個給了別人，她是其中的一個，才幾個月大，就給了別人。雖然親生的姊姊會來帶她回家玩玩，可是每次回去，她都無法感受到母親對她的關愛。到了小學的時候，她決定再也不回去了，因爲她沒有辦法忍受母親的無情。

而她的養母，大她四、五十歲，也生了很多個小孩，但是只有三個兒子存活下來，後來抱來一個養女，但是也夭折了，最後才又抱她來養。養母從來沒有打過她，可是代溝實在是太深了，家境又非常清苦，三個哥哥都只有小學畢業而已，所以養母也不讓她安心的繼續升學。國中的時候，她只好半工半讀，除了自己賺取學費之外，還得負擔家裡的開銷。

等她結婚之後，雖然先生對她很好，但是婆家的經濟也好不到哪裡，她又挑起了另一家的重擔。她有子宮內膜異位的毛病，所以就嘗試做試管嬰兒，但是沒有成功。隔了七年之後，卻自然懷孕，但是懷孕第八週的時候，因爲婆婆突然生病，情急之下抱起婆婆，卻沒想到就這樣流產了。後來雖然經過開刀，也再做了兩次的試管嬰兒，但統統失敗了。

入世的修行（一）

老天爺，老是一成不變，老是那麼地公平，不管他是哪裡人，是動物還是植物、礦物，好像大夥兒都是一樣，都是被分配到一天二十四小時。而且更重要的，日子一過，就再也不能重新來過。就像奧運比賽，苦苦練了幾年，只憑幾秒鐘就決定勝負；就像音樂演奏會，一旦上了台，就沒有重奏的機會了……公平嗎？眞的是非常非常的公平，有人珍惜這個絕對的公平，努力以赴，有人卻放棄了這個唯一的公平機會。

人成即佛成

出家人，這三個字就如同立法委員，如同老師，如同記者，……它所代表的只是一個職業、一個名稱，並非他們就一定比我們修得好。舉例來說，我們通常以爲老師都是誨人不倦的，但是社會新聞中，卻常常會看到一些害群之馬的老師傷害自己的學生。同樣的，所謂的修行人、出家人，他們的所做所爲也未必一定比泛泛衆生強。所以不要高估了自己，但也不要小看了自己，很多事情，一定要靜下心來學會自己衡量，自己判斷，不要一窩蜂地到處跟著趕流行。

我特別喜歡去觀察市井小民，爲什麼呢？因爲那才是人世間眞正在過日子，在修行的人，有沒有眞功夫眞本事，就在他們的一動一靜間見眞章了。我不是想說別人的不是，我只是眞的想從生活中找出我們可以學習、可以效法的榜樣。

我常對來者說：「你的確修得很好，你看看那麼多的出家人，未必結過婚，生過兒女，他們怎麼能夠體會得出婆媳之間微妙的相處問題，又怎麼能夠深刻地了解到做爲父母者對兒女無止盡的關愛與煩憂，當然了，他們更難以相信世間上最難渡的人居然會是同蓋一條被子的枕邊人。」

爲什麼我會大膽的指出這樣的差異呢？曾經有一位女士來找我，我查了資料，發現她過的日子眞是悲慘，於是我向她說明清楚，並且加了一句話：「妳的故事實在是不好玩！」她看了看我，很正經地回答我：「陳太太，妳是說得很準，但是對妳來說，它只是一個故事，但是對我而言，每一天它都是一個活生生的日子。」

在此刻，在當時，我都願意再度向這位女士致上我最高的謝意，是她給我上了最特別的一堂課。從此之後，我很嚴肅地對待每一個因果，並且嘗試著進入別人的心境，試著去學會將心比心，角色互換一下，盡可能地替他人想一想，爲對方找出一條更佳的生存之道。

「佛在我心中」，千萬不要捨近求遠，到處去拜佛求佛，很簡單的一個方法，一個原則，那就是──「盡量扮演好自己的角色。」當角色扮演成功的時候，那麼就會是「人成即佛成」了。如果你問我：「那麼假設我是一個小偷呢？」放心好了，我絕不會告訴你好好地扮演好小偷的角色。

稍微用心地想一想，當我們要著手做一件事之前，外人未必完全知情，但是通常當事人一定都清清楚楚地知道這件事能不能做，該不該做，若是還不能完全明白，還是想不透，那麼從法、理、情三個角度去衡量或多或少都可以得到答案的。

就用台灣的特產「違建」來舉例說明好了。

第一，不用明講，一定是違法了。

第二，占用了衆人的防火巷，也增加了下面住戶的負載力，所有住戶的危險係數也跟著升高，那也不合道理，說不過去。

第三，擋住了別人的光線、通風系統，造成了四周建築物的不協調，情字也很難講得通。如果是裝鐵窗，還可以說是爲了安全的考量，但是違建呢？一戶接一戶，沒有人願意去想一想別人的感受會是如何。台灣人的修行功力如何呢？只要看一看違法建築物的多寡，看一看公德心的表現，還有看一看免洗碗筷的使用場合，就可以一目了然了。

回到正題，如何扮演好自己的角色呢？問題是，人的一生裡面，不是只有扮演一個角色而已，就拿女人來說吧，她可以「同時」爲人婆，爲人母，爲人女，爲人媳，爲人妻，爲人師……，這麼多同時在人生舞台上進行的角色，她又該如何用不同的心態，先適時地轉變自己，然後再坦然地面對別人呢？

實在是不容易呀！可是我們每一個人不也都是同樣的這麼辛苦地在轉換角色，多累啊！怎麼辦呢？只好在自己的心中放著一把尺，凡事盡力而爲，剩下的，才有權利對老天爺說：「下一棒輪到您接手了！」有一句話：「豈能盡如人意，但求無愧於心」，我想大概就是這個意思吧！

用心行善

多行善，這已是老生常談，大家都懂，只是怎麼個行善呢？有人捐血救人，有人蓋醫院，蓋學校，有人蓋寺廟（我還是很不樂見）……。以下幾則是我所知較特別的，提出來供大家參考。有人將孩子們看過的優良讀物，小心地整理妥當，外加一大堆常用的文具用品，裝箱打包好郵寄到泰北，讓偏遠地區貧困的小朋友也能一起分享學習的快樂。

有人患了癌症，自己還在接受化療，家境又不好，早上必須早起賣早點，下午晚上忙著繡學號添補家用。趁著空檔，買一些摺紙蓮花的金紙，一摺一摺地慢慢摺出她心中那朵最美麗的蓮花。送到殯儀館，請那兒的工作人員代爲燒給那些無名氏或沒錢買紙蓮花的人。（我雖不認同燒金紙銀紙，但這些往生者實在是太有福氣了。）

有個小姐每天在下班之後，煮好一大鍋狗食，然後騎著摩托車，帶著狗食、大鉗子及塑膠袋，在大街小巷中穿梭著，碰到流浪狗就留下食物，碰到獸屍就撿拾乾淨。有人與獸醫院合作，贊助錢給那些帶流浪狗、流浪貓去做結紮手術的人。更有好多好多的人投入義工的行列，這眞的是一種好現象，一種心靈成長的好預兆。

我還是要再強調一次，當你行善時，稍微動點腦筋，千千萬萬不要走入「迷信」的行列，當迷信的同時，就代表這個人疑神疑鬼，掉入神鬼的圈套了。不妨再翻翻《如來世1——通靈經驗》的〈通靈人的危險〉那一章中所提到的魔考、倒考的問題，你可以反問我說：「我又不會通靈！」是啊！沒有錯！那就請再看一看《如來世1——通靈經驗》的〈黑盒子〉那一章，一切的一切，不是要對祂們負責，而是全部都是要爲自己負責。不要忘了，慈悲要學，智慧更要學。

有時候，有些事情實在是無法改變，舉個例，配偶，喔！不！配偶還可以換，但是父母就不能換了，兒女也是沒有辦法挑選。唉！這種無奈，只有當事人最清楚了，該怎麼去面對呢？有位近六十歲的女士來找我，我一看，接下來的對話如下：

「啊！妳的婚姻實在是有夠慘。」

「哈哈！眞的！一點都沒錯！哈哈哈！」（她笑得好開心，又很大聲。）

「這麼悲慘，妳怎麼還笑得這麼開心呢？」

「因爲，我最近離婚了。」

「那妳才是奇怪，早不離，晚不離，這麼老了才離婚，幹麼啊！」

「我是因爲想讓我的兒女結婚的時候都有主婚人，不讓來賓對他們指指點點的，所以才撐到現在。去年，最小的兒子結婚了，現在我終於很開心地離婚了。我現在一個人住在工廠裡當廚師，日子過得非常快樂。」

另有一位，比較年輕，約三十多歲，婚姻品質與上一例差不多，反正都是先生有外遇，另外在外築巢。

我問她：「妳爲什麼不離婚呢？妳命中有離婚命的。」

她回答：「假使我現在離婚了，孩子們都還很小，如果孩子歸我，我實在養不起，這樣反而害了他們。如果歸我先生，那我就看不到孩子，我的心只會更痛。所以我想不如暫時爲了孩子，委曲求全，任由他到小老婆那邊住，他只要每個月拿固定的家用錢給我養孩子，每個周日回來和孩子們一起聚聚玩玩就行了。」

我的小弟，在工地被彈起來的鋼樑打中了頭部（受傷的部位在額頭右上方的髮際處，是他自己不對，忘了戴安全帽），流了很多血，縫了好幾針。爸媽氣急敗壞地趕到醫院，媽媽更是被嚇得不知如何是好，就只會一直說著。

媽媽說：「菩薩到底有沒有長眼睛呢？我天天燒香拜佛，天天祈求祂們保佑這幾個兒孫平平安安的，結果卻是這樣子，我那麼虔誠地拜祂們又有什麼用呢？」

大妹說：「媽媽！妳有沒有想過，就是因為妳有拜拜，所以今天小弟的傷，既沒有傷到大腦，也沒有在臉上留下任何破相的痕跡。說不定如果平日妳沒有拜拜，今天的他就不可能這樣的幸運了。」

每個人都有自己的關卡

是啊！這是另一種方式的爭一口氣。凡事總有一體兩面的，就看我們是從那一個角度去看待了。山不轉路轉，路不轉人轉，人不轉心轉。當外在的因素是我們所不能改變的時候，「心轉」總可以吧！這的確是一門大學問。

有人調整自己的心態去接受命運的挑戰；有的人卻是一句話：「管他那麼多幹什麼呢！」對於這種人我也只好奉勸各位一句話：「別管他那麼多了！」

但是有一少部分的人，我卻必須依這個人的命，以及他此世的個性，試著用他聽得進去的話，慢慢地開導，或者試著用激將法的方式，盡量去除他的一個念頭，什麼念頭呢？「自殺」。我碰到非常多想自殺的人，也碰到被我說過會自殺還眞的去自殺的人，也難怪了，會來找我的人多半都是碰到瓶頸的人。

我的弟弟從國外打電話回台灣，他說因爲生意不順想要自殺，別人也就算了，偏偏我是他的大姊頭，我一點也不緊張，假裝很生氣地回答他：「你乾脆現在就從旅館的窗口往下跳，沒關係！反正我會去收屍的！」有些人就是這樣，置之死地而後生，唯有斷了他的後路，他才會乖乖地回頭。

有一位台南上來的太太跟著朋友一起來找我，她只是基於好玩、好奇而來的。（前來向我挑戰的也不少，只是我都是事後才知道。沒辦法，我的態度一向是很認眞的，當我算命的時候眞的是一點雜念都沒有，認眞在收訊息，認眞在傳訊息，因爲我奉行「認眞的女人最美」這一句話。）我很正經地告訴她：

一、她的先生已經外遇了。

二、接下來先生的事業會倒閉。

三、夫家也遭池魚之殃。

四、她會自殺。

五、丈夫早死。

她回答我，丈夫很好根本沒有外遇，他的事業也做得還不錯。我只好向她賠不是：「對不起！我不會算命，我只是一個通靈的機器，菩薩說什麼我就說什麼，純粹只是照收照傳而已。如果有不是的地方，還請妳原諒！不過，如果妳發現妳先生有外遇，我還是勸妳最好馬上離婚，否則會因爲事業倒閉的關係，而遭到法律的問題。」

約一年多之後，她的朋友來電話，拜託我找人。原來她回去之後，才知道先生眞的已經外遇很久了，沒多久，第二項、第三項都應驗了，她在無路可施之下，丟下孩子，離家出走。我查了一下，結果是看到她一個人站在橋上，問題是我的功力實在有限，台灣的橋樑又那麼多，河水又統統差不多，我根本就不知道她到底在那裡。故事只好在對不起聲中暫告一個段落。

離第一次見面大概有五、六年之久，她又出現在我面前，若不是她主動提起，我根本就不記得有這個人，有這件事了。頭一遭，換我聽別人說故事，我聽得津津有味。她說，當她知道他先生有外遇時，就馬上跟先生辦離婚手續，後來先生的事業出了狀況，婆婆、小叔等人真的就沒有逃過法律的制裁。她自己一個人來到了花蓮的一座橋上徘徊，正準備往下跳的時候，卻出現了一位神父……。

「陳太太，妳說的五樣，已經應驗了四項，只有一樣，那就是我的前夫還沒有死，就剩下這一樣還沒有應驗。」她很開心地對我說。

「妳這豈不是在詛咒別人死嗎？對嗎？更何況他還曾經是妳的先生。我倒是寧可希望這一樣沒有應驗，我寧可詛咒是我自己算錯了。」這是我的回答。

另一位上了年紀的婦人也是跟著朋友一起來的，從小就是個童養媳，丈夫早死，靠著種菜、賣菜維生。她想要知道她與婆婆的關係。

「爲了婆婆的問題，妳會常常想要自殺，但是不管怎麼自殺都死不成。」我說。

「你們想得到的自殺方法，我差不多都試過了。你們知道嗎？我已經自殺了一、二十次了，就連吃毒老鼠的藥、喝農藥我都試過了，沒辦法，就是沒辦法，我就是死不了。」她笑得好大聲，一邊笑一邊說，我被她的直率給逗笑了。

「算了吧！沒有用的啦！妳就是去撞車子也死不了的！」我乾脆再說白一點。

這回，她笑得更離譜了：

「妳倒是說對了，有一次，我看到有一輛車子開過來，我算準時間，衝過去！結果怎麼樣？你們猜猜看！我身上一點傷都沒有，倒是對方的車子被我給撞壞了，害得我還得賠那個車主兩千元，我眞的是有夠倒楣的！」

一個好嚴肅的話題，卻搞得滿屋子的人哄堂大笑。

所以嘛！要自殺談何容易，死得成還好，死不成的話，若是變成植物人，變成殘廢，毀了自己也害了家人，何苦呢！就算眞的有自殺的命，但又有誰規定注定什麼命就一定會有什麼命的結果呢？別把自己克制不了的情緒統統推給了老天爺，要知道「自殺」的個性是會變成習慣性的，在轉世的過程中，會一再地重演，直到此人學會了尊重自己的生命，學會了挑戰自己，這個「魔考」才過關。別以爲我是在唬人。

入世的修行（一）

回過頭來，我們再來談一談職業的問題，出家人是個職業，醫生是，老師也是，記者是，立法委員也是，就連總統也不例外……，職業實在是有太多種了。在我算命的過程中，根據所累積到的一些資料，加以綜合的研判，發現到有某些個特殊的職業，在轉世的過程中占著很微妙的地位。

也因此我才深刻地體會到，爲什麼祂們會一再地強調「學習」、「誠實」、「尊重別人」與「守時」、「守信」的重要性。就好像祂們要我做個即席翻譯，那麼在算命的那一刻，「即席翻譯」就是我的職業、我的角色，而這個角色的工作就是要在瞬息之間，老老實實地將祂們的話一字不漏地給表達出來讓對方知道。

所以在《如來世1——通靈經驗》的〈通靈人的悲哀〉那一章中，我才會說，如果我不照祂們的意思將話說清楚，那麼祂們就會讓我「突然覺得喉嚨好怪，一句話也說不出來」。祂們要求我的也只是要我「學習」如何忠於我的職業、我的角色，並且學會「尊重別人」，「誠實」地面對每一件事，謹守該有的職業道德而已。

我常告訴孩子們，當你說一個謊話時，就必須用更多的謊言去「圓」第一個謊話。不是嗎？在報紙上我們不也常常看到好多的政治、影劇、媒體等公衆人物一再地表演類似的劇本嗎？當您有心想要成爲「公衆人物」時，那麼就要想清楚，這個職業該扮演的是個什麼樣的角色呢？它必定是許多人爭相模仿和議論紛紛的人物。

什麼樣的結果您才會覺得對得起自己的良心呢？凡事騙得了別人，但是絕對騙不了自己的，我相信，只有自己最清楚最明白當初自己這樣做的出發點到底是爲了什麼。做錯了，並不可恥，可恥的是一而再，再而三地一直錯下去，還直說是別人的不是。

陳進興事件

白案發生之後，媒體大篇幅報導，從八十六年十一月十八日傍晚陳進興挾持住在天母南非武官官邸一家人開始，直到十一月十九日晚上棄械投降，這一段轟動武林、驚動萬教的波折過程，更讓所有的媒體卯足了勁，誰也不願意輸給誰。

十一月十九日在武官官邸之外的情形我雖然是一概不知，但是官邸之內的一舉一動，我比誰都還要清楚。可是一連看了幾天的報紙之後，我才知道記者的本事有多大，編故事的功夫更是一級棒。我的結論是：報紙的內容可信度大概只有百分之二十五，偏偏讀者又不知道這百分之二十五是分布在哪裡；至於街坊的大本雜誌，那就各憑本事拿稿費了。

還記得那一天（十一月十九日）的傍晚，天色已漸暗了，我從窗戶爬出官邸，與侯友宜守在樓梯口，對面樓房的陽台還有屋頂事先就已經躲了一大堆的記者，這些記者看到我出來了，閃光燈閃個不停。也許，這就是他們該做的，誠實地報導事實，但是在我說了一句話之後，他們的閃光燈依然閃個不停，我傻住了。我說：「大家辛苦了老半天，如果就因為你們的燈光，害得裡面的人以為發生了什麼事，後果誰要負責呢？」

我清楚地記得，前一天（十一月十八日）晚上十二點多我和先生兩個人就已經到達第二指揮所，一整個夜晚我都陪著情緒相當不穩定的張素貞，因為她想到了她自己以及她的弟弟被刑求的經過，並且可能永遠沒有機會獲得平反，因此非常氣憤、非常懊惱，一直想要利用手銬當工具企圖自殺。第二天早上，當輪到我上場的時候，丁署長、楊局長很誠懇地告訴我：「陳太太，就拜託妳了！陳進興已經答應我們在四點以前要釋放人質，而妳進去的任務就是勸陳進興投降，並且一定要將人質安全地帶出來，盡量要求陳進興在下午四點以前務必要將人質安全地放出來。」

進去之後沒多久，我們就已經談妥了，不管他要不要出來投降，他都答應在下午四點以前陸續釋放人質，接下去我所要努力的才是勸他出來投降。爲了讓外面可以清楚地知道官邸裡的狀況，我一再利用唯一的一支電話當著陳進興的面，和外面聯絡。我都是直接和丁署長對話的：「裡面的情形很好，外面千萬不要輕舉妄動！」

在這段過程中，菩薩還要我轉告陳：「你的小孩有劫難，在這兩年內，必須父母雙全，他才可以躲過這個劫難，所以你非出來投案不可，出來之後，你自己還得想辦法如何拖過兩年。」在我這段話之後沒多久，他就已經決定出來投案了。（沒想到出來之後，也許就是爲了此事，他把警察們弄得人仰馬翻，到處搜個不停。當我想起來的時候，我也只好很抱歉地打電話給楊局長，向他說明我曾經說過的這段話，並且請他原諒我。沒辦法，在當時，我同時身兼兩個角色，而兩個角色我都必須扮演好，不能有一點點的疏失。）

我們原本是一直待在樓上交談著，還一邊看著電視。後來從電視上看到謝長廷先生來到了官邸附近，陳進興想起了妻舅可能有被刑求的事，也想起了沒錢替妻舅打官司，於是強迫我一定要讓謝先生進來。前一晚，在第二指揮所裡，張素貞就已經告訴我她被刑求的所有過程，依我個人的判斷，初步地我也認爲可能眞的是有刑求這一回事。我一向主張凡事應該盡量對事不對人，誰的錯就該由誰來承擔，沒有必要拖累到無辜，於是我才會拜託丁署長讓謝先生進來。

在進來官邸之前，我曾經對張素貞說：「官邸裡面的人質是無辜的，所以我們一定要想辦法把人質安全地救出來。」她說：「陳太太，我知道，我先生做的壞事已經夠多了，我絕對不讓他再傷害任何一個人。陳太太，等我見到我先生的時候，我能不能告訴他我被刑求的事？」我回答：「爲了避免刺激他，引起不必要的危險，我答應你我們見機行事。」

等到謝先生進來之後，張素貞才當著謝先生的面，向陳進興仔細描述她被刑求的細節，陳進興聽了之後，情緒相當激動，不停地向太太說對不起。不久，謝先生建議陳進興應該趁這個時候，借用媒體的力量，來控訴檢調單位對其妻舅的刑求。於是，謝先生利用他自己的手機，開始與外界聯繫，這時候，陳進興的情緒開始有了另一種不同的變化。

他站了起來，走到武官夫人的旁邊（本來武官夫人是坐在一張單人的沙發椅上，面對著電腦，背對著陳進興），右手持槍扣著扳機，就將手擺在沙發椅右邊的把手上，左手拿著電話，背對著電視，透過電話對媒體記者很情緒化地控訴妻舅遭刑求的事。我就坐在他對面的地板上，面對著電視，張素貞坐在我的右手邊，謝長廷先生站在我的左手邊，武官夫人就坐在陳與謝之間。

一時之間，我才警覺到武官夫人隨時有生命的危險，因爲只要陳進興與媒體記者的對話不投機，就有可能會擦槍走火，當然了，第一個遭殃的一定是武官夫人。趁著他對記者滔滔不絕，而謝先生也在一旁撥另一通媒體的電話時，我告訴張素貞：「妳不要忘了我們進來的目的。」……我從張素貞手上拿過了陳進興轉給她的電話，把它給切斷了，陳很凶地對我說：「爲什麼不讓她講電話？」謝先生也抬頭看了我一眼。

等到謝先生帶著一位監察委員再度進來時，我對陳講：「我可不可以到樓下倒茶給你們。」他答：「大姊，妳不要這麼說，妳是可以自由行動的。」（他不准武官夫人及小女孩自由行動）當我獨自一人來到了樓下，不瞞各位，我眞的是當場就跪了下去，哭了：「老天爺！就請繼續幫忙讓事情順利進行吧！」爲什麼呢？

如果說時間是可以分段的話，那麼我處理了前面的二分之一，而現在，另外的四分之一交到別人的手上，而我又插不了手，可是等一下一定還會有剩下未了的事情等著我去收拾，那會是個什麼樣的殘局呢？我眞的是一直到了這個時候，才開始知道害怕，才害怕我自己可能掌握不了全局，可能交不了差。那種心境，又有誰能體會得出呢？所以也才會有我後來罵媒體的那一段話。

也許各位可以說張素貞的不是，但是在我與她接觸的過程中，如果不是她的努力與機智（因爲只有她最了解她先生），坦白說，絕不會是後來的這種結果，也許當天我就再也出不了官邸了。在這裡，我要對她說聲：「謝謝妳！謝謝妳的合作！」而在陳進興被槍決的那一刹那，我答應爲他做的事，我也沒有忘記。

對了，還有一件事，非提不可。就在我罵完記者之後，楊局長來到了我身邊，向我說謝謝，我對楊局長說：「等一下出來之後，我的名字就只有三個字──陳太太，你要答應我，不准對任何人透露我的名字、電話，還有住址，不管對方是署長還是記者都一樣。」楊局長回答說：「我知道，打死我，我都不會說。」

於是一出官邸，楊局長就用他的座車，親自護送我下山。當一大堆大官們忙著在開記者會的時候，他自己一個人卻很守信很盡責地保護著我，兩個人就這樣傻傻地站在榮民總醫院附近的一盞路燈下，等著我先生開車來接我回家。警車、大官們的車，一輛輛從我們眼前疾駛而去，卻沒有人發現有兩個配角守在路燈下。

殺人未必要用刀，有時筆鋒遠比刀鋒還要利。想想如果口傳的方式，一個傳一個，要傳一萬個，要花多少時間呢？更何況傳的過程中，原義是否依舊存在還是個問題。但是如果經由報紙，經由傳播工具，多可怕啊！假使台灣文盲多，那還好，偏偏文盲又少，媒體又強調不能被司法迫害。

那麼我倒要請問一下，我們這些無辜的受害者，被那些瞎編、道聽塗說的少數記者所騙的受害者，要向誰抗議呢？我知道了，是我們自己活該，是我們自己智慧修得不夠，不會去分析判斷，也不會拒看報紙，拒看電視，更不會拒買雜誌。

摸摸自己的良心，社會風氣不好，大家都有責任，如果記者的筆鋒轉個方向試著去報導善良、溫暖、熱情的一面，我保證，天堂近了。立法委員也是一樣，不要動不動就躲在免責權的保護傘下，暢所欲言，不管證據的可靠性是多少，隨隨便便就指責別人的不是，要別人對號入座，如果是這樣，我也可以暢所欲言的告訴各位，我也敢保證，保證地獄近了。天堂地獄一線間，夾在這窄窄一線間的就是你，就是我，而平凡的你我，要學習的就是「謠言止於智者」。

要求別人之前先要求自己

我曾經問過祂們，有一些比較大的災難，一次同時死那麼多的人（例如空難、地震、火災等），當然未必一定是有「前世因」的（也就是說，純粹是這一世才開始有的因），可是如果眞的是因爲有「前世因」的話，那麼可能會是個什麼樣的前世業障而造成今日的共業呢？

祂們告訴我：「姑且舉個例子，譬如現在的立法院開會，諸位立法委員明知某一法案會危害民生，或者是會影響民主的進步，會有不良的後遺症等，但是爲了個人的利害關係，只好違背自己的良心，自己的職業道德……。當時機成熟時，這一批人只好一起來償還業障了。」

再來談談老師的角色，如果說記者的一則報導能夠影響一萬個人，那麼老師一年的辛苦起碼也影響了二、三十個人。問題是報紙看完，新聞聽完有時也就算了，但是因爲要考試的關係，老師的教學態度、教學品質，學生都被強迫全盤吸收。孩子還小，不會篩選自己要的東西，也無權挑選老師，而留在學校的時間又那麼的長，想想老師對學生們的影響力有多大！

沒錯，照理說，父母對孩子要負起全部的責任，但是，老師躲得過內心的制裁嗎？雖然我們不能要求老師像孔子一樣「有教無類」，但站在我通靈的經驗，我誠心誠意地拜託老師們，千萬不要勢利眼，對某些同學另眼相看，也不要有分別心，專挑某些同學的毛病。因爲這些學生說不定來世就會被安排來作爲您的子女，當做是您來世的必修功課。這眞的是我的算命經驗，所以我才會特別提出來講。常常老師們的一番話，一個動作，就可以影響學生一輩子，所以怎麼能夠不謹愼呢？

現在青少年的問題那麼多，而這些問題並不是我們逃避，就會自然消失無蹤的，相反的它正考驗著大人。父母、老師的「天職」加重了，而整個社會上的公衆人物難道就沒有責任了嗎？當我們大聲驚呼：「這一代的孩子怎麼了？」的時候，爲什麼就不能回過頭來大膽地面對自己，看看我們自己又做了些什麼呢？

忙著股票、忙著離婚、忙著選舉、忙著圓謊、忙著抗議、忙著互揭瘡疤、忙著販槍販毒販賣人口、忙著利用宗教達到個人的利益……。什麼時候，我們才可以交出一張成績單，一張呈現光明的漂亮成績單讓孩子們去學習呢？不要只是會怪孩子們，想想我們自己吧！要求孩子之前，請先要求自己吧！

很簡單的一個原則「勿貪」，大家都懂的道理，但是一百個人當中，可能就有九十九個人做不到，包括我在內。眞的是知易行難。別人有了麻煩，我們會說：「看開點，一切隨緣！」而自己有了目標，有了計畫，放心好了，一定全力以赴，到底是要全力以赴，還是要隨緣，還眞是一門大學問呢！

祂們教我一個方法，但不是絕對的，祂們說：「先想一想出發點是什麼？有沒有私心，會不會傷害了別人？然後在進行的過程中，一樣不斷地思考同樣的問題，爲什麼要進行下去呢？會不會傷害了別人呢？」

尊重自己，也尊重別人，尊重動物也尊重大自然的一切。當我與先生交往的時候，有一次共遊北橫，看到滿山的紅葉，我就地一跳，伸手一抓，手掌裡已多了好多的楓葉。他只淡淡地說了一句：

「妳為什麼不撿掉在地上的呢？」

「有什麼關係？反正它們又沒有生命！」

「妳又不是樹葉，妳怎麼知道它們沒有生命呢？」我啞口了。

孩子們在成長的階段，我帶著他們到夜市撈魚，因為書上說這樣子可以訓練孩子們的手眼協調能力。回家之後，孩子們很興奮地向爸爸報告。

「你們覺得撈魚好不好玩？」爸爸說話了。

「好好玩喔！」孩子異口同聲地回答。

「可是，你們有沒有想到小魚好可憐，如果你們變成牠們，被小朋友拿魚撈亂趕亂撈的，到處躲來躲去，撞來撞去，你們會覺得好好玩嗎？還是會覺得很害怕，覺得人類實在是很可惡呢？」

孩子再大一點時，一大群人到拉拉山，望著一株株的神木，我也學會了。

「小朋友，你們看，神木漂不漂亮呢？」

「你們看看，它們站在這裡好幾千年了，一動也不能動，不像你們罰站個五分鐘就受不了。」

「神木爺爺，你好偉大！」有個孩子若有所悟地雙手合十，向著神木拜了起來。其他的孩子也跟著學了起來，就這樣一路上神木爺爺長，神木爺爺短的，趁著這個機會，幾個大人就開始告訴孩子們如何尊重野外的生物。

在生活上，各位不曉得有沒有注意到，總統出國、行政院長生病了好像沒什麼大不了的，可是一旦環保清潔人員放假了，那事情就大條了。這個社會原本就是一個群體，缺一不可，但我們卻常常犯了一個毛病，只在乎有錢有勢的人，卻忽略了生活中最平凡的人的存在。想一想，如果沒有這些基層人員的付出，我們的社會可能早就癱瘓，早就完蛋了。

我要孩子們不管是搭公車還是搭計程車，下車的時候一定要記得向司機叔叔說聲謝謝，到餐廳用餐時，也必須對送餐點來的服務人員說謝謝。我也強迫自己做個好榜樣，在經過高速公路的收費站時，記得對站了許久又忍受了一大堆廢氣的收票小姐說聲謝謝。

有一次，老二一進門，就很興奮地對我說：

「媽，我今天搭的那班公車司機一定好久沒有人跟他說謝謝了。」

「妳怎麼知道呢？」

「因爲我下車的時候跟他說謝謝，結果他也跟我說謝謝，而且還笑得好開心！」

我想生活上的很多細節，往往是習慣久了就成自然了。有一位長輩——楊局長，每當我打電話給他時，另一端傳來的第一聲一定是：「你好！」

是啊！不管打電話來的人是誰，就算是打錯電話，你好，這兩個字，一定通用，一定不會得罪人，我怎麼就從來沒想到過這基本的兩個字呢？於是我也學他，孩子學我，先生跟著孩子學，朋友跟著我學……。只是短短的兩個字，卻讓我活了四十多年才學會，好慚愧。

現在的住家大多是公寓或大樓，左鄰右舍互不認識，樓上樓下也不相往來。剛結婚時，我住在一棟雙拼式的五樓公寓。十戶人家有七戶是租的，因此大家的心態是，反正房子又不是我的，於是檳榔汁隨地吐，香菸蒂、紙屑亂丟。

我實在看不過去了，每個星期從頂樓（六樓）一直往下掃，掃到地下室，再拿拖把從頂樓一直拖，拖到地下室，每拖兩層，就往上爬回五樓家的陽台清洗一次拖把，然後再繼續……。幾個月下來，雖然沒有人幫我一點忙，但是此後，香菸頭、檳榔汁、紙屑、果皮統統不見了。於是我變成了兩個星期掃一次，一個月拖一次就很乾淨了。

每當我要下樓倒垃圾時，碰到同是趕垃圾車的鄰居，我總是會說：「來吧！我就順便幫你丟一下吧！」其實就只是一個舉手之勞的動作，但是，人與人之間微妙的關係，就往往是在這種小小的舉手之勞中建立起來的。我相信很多人一定和我有同樣的感受。

在正常人的眼中，社會好像很平常，很正常，可是到了醫院一看，不得了！怎麼會是這個樣子的呢？有一陣子，我故意帶著孩子到急診室外看看，讓他們了解生命的無常，肉體的脆弱。有時候，在電視上看到一些殘障人士，孩子們會問：「媽媽，好奇怪，爲什麼我們平常在路上都看不到這些人呢？」

是啊！原來，這些人根本就無法走出來，他們被迫活生生地，只能窩在家中，跨不出家門一步，所以當然我們無法在街上看到他們，也就因此他們變成了被遺忘的弱勢團體。

沒有用心去觀察，沒有眞正去比較，不會知道自己有多幸福，有多好命。那些殘而不廢、自力更生的人，他們才眞正是我們學習的好榜樣，而那些無法自力更生的殘障者，不也就是我們服務的好對象嗎？這是我非常不建議花大筆金錢去蓋寺廟的原因，在這個社會上眞正需要我們伸出援手的地方實在是太多了，菩薩絕對是不缺香火，不缺大房子的。

我相信，如果您聽得到祂們的聲音，那個聲音一定是：「請把獻給我的一切，轉獻給那些眞正需要幫助的人吧！」古人云：「諸惡莫做，衆善奉行，不是不報，時間未到」、「積善人家慶有餘」，古人並沒說：「有錢的人才有行善的機會。」

是啊！身邊可以讓我們行善，讓我們表現的機會實在是太多太多了。就像祂們一再地提醒我：「我們不允許只會修自己，我們強調的是服務……任何一種的修行都必須用服務他人來做為驗關的標準，我們多麼地盼望世間人能夠早日了解到服務的重要性。」

「做無所求，給的甘願」，簡簡單單的八個字，如果再加上因果論，也許我們還可以說，我們所做所給的也只不過是在還上輩子的業障，沒什麼大不了的，也談不上什麼貢獻的。當然了，如果不是還以前的債務，那麼我們一定就是在累積未來世的資本了，何樂而不為呢？

「人成即佛成」，凡事最起碼的，總要為自己負責，也許我們無法知道過去，無法得知未來，但是卻清清楚楚地感受到現在。如何讓自己在起起落落的人生當中，學會感恩惜福，實在不難，就只看自己有心與否了。

台灣何去何從

在入世的修行中，「守時」、「守信」是再重要不過了。有時候看到這個國家的一些主政者，三不五時就來個朝令夕改，就來個逞口舌之快，害得一些有心的父母都不知道該如何教育自己的孩子，也不知道該如何向孩子們描繪出他們的未來。

如果上行下效，有樣學樣，到頭來，我相信輸得最慘的一定是全台灣的小老百姓們。在上位者頂多是丟掉了他們的烏紗帽而已，而我們呢？我們卻被迫「捐出」了我們的全部，包括了我們的下一代。

唉！我也真的是不知道該怎麼說才好。居高位者，連這一丁點的修行都做不到，那麼其他的本事再高都發揮不了作用的。想想在大自然界中，一切都那麼依時依序地在進行，日出日落，冬去春來，哪時候該繁殖，哪時候該冬眠，哪時候該遷移……。

人不也是大自然的一分子嗎?當我們逆行而施時,該會有什麼後果,大自然界的一切不就是答案之所在嗎?當你不再守時,不再守信時,對這個大宇宙而言,您已經「脫序」了,是您自己把自己給淘汰掉了;對這個人世間而言,您就是擺明了不尊重別人,一旦少了互信的基礎,那麼您再美再遠的願景都只是海市蜃樓罷了。

在這次總統大選之前,我和另一位通靈的朋友,早就已經知道一定要陰陽配才會贏。八十八年八月,祂們還特別警告我如下的話:「如果各黨提名錯誤,那麼就一定會導致崩盤,三組人馬皆會有所損傷,然後一切將重新來過。」我問祂們為什麼要我們付出這麼高的代價?

祂們答:「很簡單,就因為民主來得太容易了,一般人並沒有眞正了解到民主的內涵,也不會懂得去珍惜,所以一切將重新來過。」

當時我哭得好傷心,因為根據以往的經驗,我絕對相信祂們的警告。我和祂們講條件,我說我用我的通靈能力或者是用我的生命交換,祂們不吭聲。祂們丟給了我這個訊息,可是我向誰去說呢?就算說了,會有人相信一個沒有名氣的女通靈人的話嗎?我很努力地試著告訴周遭的親朋好友,回報給我的卻是:「不要那麼迷信了,台灣不可能那樣的。」雖然是如此，我還是一直很努力到投票前的最後一刻，只不過，時間越逼近，我被攻擊得越慘痛。（也許讀者無法體會我當時的心境，但是我可以告訴您，我是含著眼淚打下這一段的。）一年多過去了，這個預告片才慢慢地在「成眞」。

各位，如今台灣正在向下沉淪，我們該用何種態度來改變屬於我們的共業呢？

朋友問我：「妳看，台灣還能不能待下去呢？」

我都會半開玩笑地說：「只要我沒有走，你們大概就可以不用走。」

還有人問：「依妳看，台灣還要亂到什麼時候呢？」

對於這種問題，我就會很嚴肅很正經地回答對方：「坦白說，依我對祂們的了解，我是希望越亂越好，唯有這樣才會很快地到達底部，然後一切重新再來，反彈回升的時間也才可以提早來到。如果是慢慢地壞下去，那麼資金耗盡了、人才走光了，就算是有機會能夠重新再來，也是有氣無力了。」

至於什麼叫做「崩盤」，什麼叫做「一切重新來過」，那就只有祂們知道了，我想那眞的才是天機。

祂們早在兩年前（八十七年十月）就直接附在我身上用寫的：

「選總統就是在選一個合作的團隊，不是在選一個崇拜的偶像，這個團隊是要爲國家奉獻服務的，並不是團員們利益的分配與執行，這麼簡單而已。任何一個團體的領導者，一定要心胸寬大，要有宇宙觀、國際觀，有親自執行的能力與魄力，最忌貪贓枉法，因爲他是人民的表率。也就是說希望在上位者能夠用惜緣惜福，有容乃大的心胸，加上衆人的遠見與力量，並且以身作則，有條不紊、有階段性地帶領一大批人朝理想邁進。除此之外，還要有培養下一代的理念與計畫，絕對要會捨得交棒，因爲唯有生生不息、沒有斷層，才能在大自然界裡占有一席的地位。」

應該如何面對當今的政治環境呢？

想走，該走的，就讓他們走吧！剩下這些走不掉的，還有一大堆有心堅持留下來的，爲什麼我們就不能攜手合作來改變一下呢？

好吧！就算台灣注定要「崩盤」，注定要「一切重新來過」，這些個「注定」也只是占百分之六十，不是嗎？如果每個人有個小的黑盒子，那麼，台灣整體難道就沒有一個大的黑盒子嗎？有百分之四十的改變機會，爲什麼要這樣輕易放棄呢？好吧！就算結果還是崩盤吧！我們也還可以選擇「如何」讓一切重新來過吧！爲什麼非要讓老天爺牽著鼻子走呢？台灣是我們的，又不是祂們的，不是嗎？

台灣的政治環境確實是很難以令人苟同，誰的錯呢？是人民自己一人一票投票選出來的，不是嗎？又能怪誰呢？只是學習的代價未免太貴了。站在我個人的立場，祂們教我的，就是希望我能夠告訴大家──「平時就得關心政治，選時更要關心政治」。

時代不同了，這是個地球村的時代，不要只會想到自己，忘了別人的存在，千萬不能閉門造車。國家就是個人的綜合體，唯有每一個人心胸放寬、眼光放遠，這個國家才會有希望。

台灣的政治牽動著台灣的許許多多層面，其他的層面也許我們心有餘而力不足──干涉不到，但是投票權在每一個公民的手上，這就是我們可以努力改變的百分之四十──「選賢與能」，如果眞的能夠「選賢與能」，再加上「物以類聚」的作用，讓有心有品有能力的人能夠被發掘出來，能夠有機會站出來爲大家服務，這個國家就有希望了。

也許短時間之內看不出成果，但是，我們所求的也只是「平凡、平淡、平實」而已，我相信這麼基本的夢想，就算老天爺不幫忙，只要靠我們自己有心做下去，我想，絕對會有圓夢的一天。

天助自助者，不是嗎？如果有人輕易放棄了；有人隨隨便便就把票給賣了；有人不經過大腦好好想一想或者是多聽取些別人的意見，胡裡胡塗就把票給投了……，相信有再多人的努力也是枉然。

重點是，候選人的清廉操守絕對是首要的基本條件，相信他的一切皆可公開化、透明化，大大方方的攤在陽光下，讓人民檢視。在老天爺的眼裡，祂們實在是非常不忍心看到這個社會居然還在提供舞台給那些假公濟私做秀型的政治人物表演。要沉淪到什麼地步呢？難道我們如此的冥頑不靈後知後覺嗎？在台灣這個共同命運的黑盒子裡，我們已沒有多餘的時間與空間可以浪費了。

台灣的共業

《如來世3——因果論一》中，提到了「黑盒子」，黑盒子裡有三卷錄影帶。

第一卷：整卷錄影帶中所儲存的內容是——「因過去世的所作所爲而注定的此生此世之命運」，換句話說，這卷錄影帶裡面所描述的，就是此人此生先天注定的命運。這是早就錄製完好的影帶，裡面的內容只可以觀看，卻無法加以更改。

第二卷：剛開始的時候，這是一卷完全空白的帶子，隨著時間的流逝，它也開始做記錄的動作，開始有了內容。它記錄些什麼呢？它很忠實地記錄下此人此生的一舉一動，包括此人的起心動念，一點都不含糊地照單全收。和第一卷一樣，只可觀看，完全不可更改。

第三卷：一開始的時候，第三卷的內容和第一卷的內容一模一樣，只是這卷錄影帶，不但可以觀看，還可以隨時加以更改。更改些什麼呢？更改因爲時間未到而尚未發生的內容。也就是說，第三卷錄影帶的內容，可能會因爲第二卷與第一卷的內容有了一些差異，而被迫更改第三卷錄影帶裡尚未發生的命運。也就是說，第三卷錄製了「這一世經過改變之後，有可能會發生的後續命運」。

有些人在睡夢中，或在打坐中、催眠中……，或者是在某些輕鬆的狀態下，不經意的，從第一卷或是第三卷錄影帶中，「往後」看到了屬於自己但是尚未發生的某些命運景象……。如今，地震、瘟疫皆已過去，不妨讓時光倒流，想想那個時候吧！

台灣所有的媒體天天都在報導，全台灣大概沒有幾個人不知道這兩件事。也就是說，如果九二一與SARS是台灣所有人的共業，那麼，一定會有很多人「事前」就在屬於自己的「黑盒子」裡，看到幾天或幾個月之後，可能會發生的一些景象。

例如九二一之前，夢到山崩、地裂、大樓倒了、人也死了……。

例如SARS之前，夢到了口罩、雨衣、黑色的肺部……。

了解了嗎？你還會害怕嗎？夢到了、看到了「後來」眞的發生的社會新聞，你會覺得害怕嗎？

你通靈了嗎？如果不是通靈，那又是怎麼一回事？又該如何解釋呢？那不是因爲你會通靈，只不過你和許多人一樣，都進入了屬於自己的黑盒子，看到了一些屬於「未來」、屬於「自己」的景象。

再說淸楚一點：如果九二一不是「台灣注定的」命運，而是「臨時發生的」，那麼就應該不會有人能夠「事前」看到這一段影片，因爲如果是屬於臨時發生的意外，那麼照理推測，應該是不會「事前」出現在黑盒子裡的。

如果九二一地震是錄製在第一卷，那麼就表示：這是屬於台灣人過去世的所作所爲，因而造成的這一世果報，過去世是「因」，這一世是「果」。

如果九二一地震並沒有出現在第一卷，而是錄製在第三卷的錄影帶中，那麼就表示：這個事件的發生，是屬於台灣人這一世的所作所爲所造成的這一世果報，這一世是因，這一世也是果，淸淸楚楚的一個「現世報」。

如果九二一地震，是出現在很多人的黑盒子裡面的第一卷（屬於他個人的黑盒子），那麼我還不會擔心，因爲那是屬於過去世的因，這一世的果。假設是過去世的共業，由於時空的關係，我們實在是一無所知，我們也只能盡量從地震災變的經驗中，探討如何「鑑往知來」，如何避免再犯下同樣的惡因，造成未來世的惡果。

如果九二一地震，是出現在很多屬於他個人黑盒子中的第三卷，那麼我實在是想不透，台灣人在這一世中，到底做錯了什麼事，而會有如此鉅痛的「現世報」呢？有誰能夠告訴我們，到底我們做錯了什麼？難道眞的是我們不尊重大自然嗎？眞的是大自然在反撲，在跟我們人類「要債」嗎？造成我們不尊重大自然的遠因是什麼？近因又是什麼呢？到底是什麼樣的社會背景下，造成我們不尊重大自然呢？有哪一個通靈人士，能夠告訴我們呢？身爲台灣人的我們，有誰能夠從這個「現世報」中學會「自省」呢？

這樣的「要債」方式，大自然也和人類一樣，必須先犧牲它自己的好山好水之後，才能夠爲自己報仇、爲自己出口氣。如此「欠債要債」的模式，和因果理論中的「欠債還債」模式，又有什麼不一樣呢？只不過九二一事件當中，大自然是債權人，我們是債務人罷了！

九二一之後，全台灣人是不是天天關心地震消息，天天看新聞、聽廣播，不管是你的，還是我的，或者是其他人的黑盒子裡，也許是第一卷，也許是第三卷，也許兩卷都有紀錄。總之，就是有很多人，提早在地震發生之前，就已經「往後看到了」。

也許它是過去世的「共業」，在這一世浮現出來的果報；也許它是這一世的「共業」，在這一世馬上呈現出來的「現世報」。總而言之，九二一地震一定是台灣人的「共業」，只是不知道它是哪一世種的「因」罷了。

就像是夢到飛機出事，除非你能清清楚楚地看到航空公司的名稱、飛機的型式、編號等等，否則事先就放出風聲，豈不是造成社會不必要的困擾嗎？應該這麼說，每個人都有「預知」的能力，因爲，每個人都有一個黑盒子。問題是，看到了，知道了，能代表什麼？又能有些什麼作爲嗎？

我以爲，像這種情形的發生，就更能夠印證「黑盒子」的存在。各位，聽懂我所要表達的意思了嗎？動動腦！沒什麼大不了的！也沒什麼好害怕的！更不用擔心些什麼，因爲——

各人因果各人了，衆人因果衆人了，國家因果百姓共同了。

政治也許骯髒又齷齪，但是能夠不理不睬，袖手旁觀嗎？

社會怎麼了？

外籍新娘越來越多，每八個新生兒，就有一個是外籍新娘所生的寶貝，我相信這個八分之一的比率會越來越高，可是這些孩子的「特質」如何呢？而台灣女人卻越來越講究自主權，有的根本就沒有結婚的打算，因爲害怕婚姻不好，寧可一個人自由自在的過日子；有的雖然想要結婚，但眼光卻隨著歷練而越來越高，忽略了「年齡」永遠是女人最吃虧的「痛」；有的雖然結了婚，卻不想要生兒育女，因爲害怕教養小孩會很辛苦，也害怕孩子會來人世間受罪，寧可夫妻兩人來個少年夫妻老來伴；有的是夫妻一天到晚鬧外遇、鬧離婚，孩子們也跟著大人受苦，無法過正常的生活……。

能想像一下嗎？當我們老的時候，是哪一種人格特質的「下一代」，在替我們掌舵執政呢？今日我們種下的因，不久的將來，將「自做自受」。

我常說：「沒關係的！老了就會知道！以前是對岸早來的漳州、泉州人，趕走了台灣的原住民；漸漸的，對岸晚來的內陸人也加進來了；現在是對岸、其他地區的新娘與勞工，也都跑來了。請問，將來的台灣是誰在作主呢？哪一種人才是眞正的外來政權呢？各位不妨冷靜地想一想。選舉的時候，講民主、談獨立，一定是一人一票，但是，到我們晚年的時候，哪一種人口最多呢？那時候，統獨算什麼？原住民算什麼？台灣也許早已經是另一批的外來人口在執政了。」

既然政治人物一切都以選舉爲考量，那麼何妨把眼光看遠一點，先把內政、治安弄安定再說吧！古人不是說過嗎：「齊家、治國、平天下」。

考試前後

既然要出書，我就決定豁出去。爲了改變一般人對通靈人的印象，爲了說起話來比較有份量，又爲了擁有一個正式的背景，可以讓我到監獄、到相關的公益團體去服務，於是我決定報考東吳大學的「社會學系碩士在職專班」。一看簡章，還得了，居然還要口試，我脫口說了一句「大」話：「到時候，不知道是主考官考我呢？還是主考官被菩薩考呢？」

剛開始時，我自己到書店買了一本介紹英國社會學趨勢的翻譯書，對社會學有了基本的概念。公司的主管告訴我：「台灣的社會學走的是美國學派的，妳必須要再看一些其他的書籍。」於是，我又去買了一本台灣社會學教授所寫的社會學。接著楊子敬先生的朋友非常好心的爲我收集了一大堆歷年來各校的社會學考古題還有好幾本書（事後才得知是大碩補習班的林總裁，費了很多的精神和人力蒐集相關的資料）。

我將所有的考古題整理、歸類、建檔，先了解一下社會學考題的趨向，然後一題題分別貼在每張活頁紙上，再在書本裡尋找相關的答案，將這些答案影印下來或剪下來貼在有關的題目下，最後再將這一大堆的活頁紙，分門別類歸到檔案夾裡。剩下的工作，就是背的功夫了。

我的猶豫

沒想到，我這個「初中」最後一屆的畢業生，到了這個時候，才心甘情願的承認自己的記憶力居然如此差勁。知道嗎？我差勁到連一個社會學專用的英文單字也背不起來（這種感覺，眞的是應驗了前人的一句話——歲月不饒人）。那時候的無奈眞不知該如何形容。也許是祂們的錯吧！因爲祂們訓練我的方法是屬於現買現賣型的，根本就不用準備，也不需要用到英文。

其實有很多次，我很想再去學英文學日文，可是祂們總是有辦法讓我學不成，事後祂們的理由都是同一個：「懂英文、懂日文的人那麼多，絕對不差妳一個，妳只要學精現在所使用的這一種語文就好了。現在才想要再花時間花精力去學會更多的語文，太慢了吧！妳這麼做，只會破壞我們所有的努力。」各位，想不想猜猜看是什麼語文？法文？德文？中文……答案是：「天文」。

後悔也來不及了，誰叫我年輕的時候不多學點英文，上課的時候不認眞點。記不下來也沒辦法，只好多翻幾次、多看幾次，另外就是動手做筆記了。總之我努力過了就是。在此，姑且聽聽我這個過來人的經驗談：「趁著年輕的時候，只要你想學，不管是學什麼，只要是正當的、合法的，只要你的時間、金錢、精力許可的話，就請盡量學吧！學會的本事，走到哪裡就跟到哪裡，永遠不用擔心會被別人偷走搶走，永遠都是屬於你個人自己的，就連轉世的時候也不例外。」

後來，有一陣子，我的情緒相當不穩定。我想到了萬一考上起碼要讀三年才能畢業，學費又那麼貴（我對孩子們說，我寧可把那筆錢留給他們念），我要上班，又得抽出時間爲人服務，還有個家庭需要關照，記憶力又那麼差，就算考得上，我念得完？畢得了業嗎？我眞的有必要再去拿個學位嗎？多了個學位，又代表了什麼呢？學位對我的通靈服務又能有什麼幫助呢？社會眞的這麼現實嗎？

有一天，楊先生來到了我的辦公室，我很坦誠的和他談了一會兒。我說：「你們沒有人可以體會得到我在替別人服務時所帶給我的快樂，尤其是如果祂們的答案可以解答當事者多年來的困惑時，對方臉上所表現出來的開心，會讓我好快樂。」

「我真正要學的功課，應該就是誠懇的去面對這些人，面對他們的問題，然後從祂們給他們的答案之中，我自然就可以學到好多好多一般人學不到的東西。這是真的！你們沒有辦法體會得到我的這種感覺、這種快樂。碩士學位，對我而言，並沒有意義，我願意用拿學位的時間去服務別人，所以我決定不考了。」楊先生沒有回答我的話。待他走後，我走進主管的辦公室，告訴他我決定不考了，只是我不想也沒有告訴他任何原因。

我把所有的資料做個處理，該還給別人的就打包好，可以回收的紙類就放到回收箱，檔案夾可以再用的就保存……。就這樣，突然之間，我的心情變得好平靜、好輕鬆、好舒服。沒想到一個星期之後，楊先生的一句話又改變了我的放棄計畫。他是這麼說的：「妳去考一考，萬一考上了，將來老了想要教書也比較有保障，換成是我，如果有機會，我就一定會去考。」

當時的我，也不知該如何作答，因爲他說的話確實是有道理。回家之後，自己仔細的想了又想，我常常勸大家要多學習，而現在的我卻半途而廢，爲什麼呢？是不是因爲英文單字背不來而爲自己找來的藉口呢？如果我眞的是有心想要念書，那怎麼會沒有時間呢？如果我有心要爲人服務，那麼學歷高一點，所說的話不就會比較有份量了嗎？如果就這樣沒有去考試，豈不辜負了楊局長還有他的朋友（那個朋友親自從台南送來了那麼多的資料），考不考得上是其次，總是要去考一下吧！

好吧！輕鬆了一星期而已！我又重新拿起了書本。糟糕的是，我居然找不到招生簡章，那裡面可是有一大堆的注意事項。東翻西找的，就是找不到，菩薩說話了：「到回收箱找一下！」菩薩高明！還好那一個周日不收可以回收的物品。

社會學系預定要錄取十五個新生，卻只有二十個人報考，我說：「如果我是試務委員，我一定會在筆試的時候，二十個人統統錄取，等到口試的時候再來篩選。」筆試之前，我告訴周遭的朋友，如果題目是原文的專業用語，我一定是一句話──「交白卷走人」。

筆試當天，我很輕鬆的去應試，大夥兒拚命在教室裡臨陣磨槍，我卻和同事在校園的一旁納涼，沒什麼，只因爲我們兩人都沒有一定要考上的壓力。還好，只有四大題的申論題，其中有一題是關於「公娼」的問題。各位您知道的，算命久了，「蓋」的功夫絕對不會差到哪裡去的。

筆試就這樣的過去了，如我所料，二十個人統統榜上有名，那接下來的口試究竟又要準備些什麼呢？我只好再去請教楊先生。他告訴我有些主考官會問些學科上的專業問題，也有的會問些屬於我自己的專業（通靈）問題。

回家之後，我又有了另一種想法。我很嚴肅面對自己，我知道我並不想去念，就像我對友人說的：「如果考上，我就得煩惱了，因爲我就得考慮要不要去念的問題。」所以從筆試通過到口試的這段期間，我什麼也沒有準備，只是在網路上找尋一些社會學碩士班、博士班畢業時所寫的論文題目，再把它們一一列印出來作參考，我很想知道社會學科的學者到底是在研究些什麼。

六月二日口試當天下午一點報到，可是必須等到三點半才輪到我上場。趁著這個空檔，我拿出隨身的空白紙張爲一位和我同年出生的未婚男性讀者寫回信，好認眞的寫，我告訴他：「考上我命，考不上我幸！」

口試的情形，各位可以想像得到，像我這種個性的通靈人，怎麼可能會說些應酬或虛僞的話呢。（一向是實話實說的我，除非是閉口不說，否則的話，要我說假話，那還眞是不容易。）當時不會回答的，我就說：「這個我眞的不會！」想用另類角度看待通靈人的，他若是要來硬的，我也只好回敬對方一槍。那時候的我，不是想保護自己或爲自己爭口氣，我只是想，做個通靈人難道有錯嗎？

考完口試，一個人從東吳大學一路漫步到士林捷運車站，沿途回想著剛剛的口試過程，老天爺到底是眞的想要逼我再去進修呢？還是想藉著口試，看看我是否能夠在一堆學者面前，依然能夠「處變不驚，莊敬自強，我行我素，不改本色」呢？

一進家門，我就對著孩子們敘述口試時的點點滴滴。聽完之後，小女兒做了個總結：「媽！在台灣的教育體制之下，老師絕對不會喜歡妳這種學生的，如果是在國外，也許就會有很多教授欣賞妳。」

隔了幾天，那位讀者來信了，他寫道：「依小弟之愚見，我眞的希望您去應考的碩士班能夠考不上（很抱歉我的看法與鼓勵您去進修的好友們相牴觸），因爲我覺得您是一位智慧很高的人，而『智慧』完全不屬於教科書內『知識』的範疇。知識只要人人肯花心思與時間，所得均不會相去太遠，然而智慧只保留給那些悟性高、沒有意識型態、觀察入微、心地善良的人。因此假如您再去念書，那就成了『大材小用』。以您的智慧，一定會有更需要您的地方讓您一展所長。」

又隔了一天，六月十五日（簡章上註明是六月十八日放榜），很強烈的訊息，要我上網去查查看，啊！還真的是提早放榜了！我「居然」沒有考上！第一個閃入的念頭是：「很沒有面子」，只是馬上又被另一個念頭永久地替代了：「哈哈！沒考上真好！我不用煩惱要不要去念、不用煩惱學費、不用煩惱畢不畢得了業！」

想想看，二十個人當中，十五個正取，三個備取，我是剩下兩個中的一個，看看這種比例，要考不上還真是不容易呢，搞不好我還是最後一名！真不是蓋的！喔！我知道了，原來口試只是個魔考！

楊局長知道我沒有考上，「喔！」的一聲而已。

主管很得意的說：「聽妳說妳的口試過程，我當時就知道妳一定考不上。」

媽媽幽幽地說：「可是，可是，我已經幫妳把三年的學費三十六萬塊都準備好了。」

小妹悄悄地告訴我：「媽媽說她忘了在前一天提醒妳，要妳在口試的時候，講話要有禮貌，要客氣一點。」各位，知女莫若母。

小女兒的口氣就不一樣了：「口試沒過，對不對？我告訴妳，台灣的老師喜歡罵人，可是不喜歡罵他的人。」

口試的經過

有一位說：「妳寫的書沒什麼嘛！和法輪功的書差不多。」我不做任何的辯駁。

有一位說：「妳上班的地方都是作爲一些政治人物退休後的酬庸。」這點我不認同，所以我稍做了解釋。（註：當時我在淡水的台灣綜合研究院上班。）

有一位說：「我覺得妳最好去皈依某一個宗教，或者是加入一些派別比較好。妳不覺得妳這麼做，其實對別人並不見得是有幫助的，一般人也不見得會因爲妳的話而改變些什麼，人常常是很健忘的，歷史一再重演，人也會一再重蹈覆轍。」

我這樣回答這個問題：「我必須承認我的好心也許幫助不了任何一個人，我也承認人往往都是很健忘的。但是，我也可以坦白告訴您，我也是和一般人一樣，我並不會因爲您的這一番話而改變我自己的。」

有一位說：「妳先生在南山人壽上班，現在應該很不錯！」我答：「爲什麼？」他說：

「因爲南山人壽和美商合併了。」我說：「對不起！我不知道，沒有吧！我沒有聽說過。」他又說了：「妳看，妳連先生的事妳都不知道，妳回去問問看就知道了。」我答：「對不起！我眞的是不知道，我和我先生有個約定，那就是在工作上，各做各的，彼此不能動用到對方的人脈關係。」（回家一問，根本就沒有這一回事。）

有一位說：「在妳通靈爲別人服務時，會碰到什麼樣的問題呢？」我說：「我常常會告訴對方現在的政治……。」教授插斷了我的話：「妳可以不用談政治，妳不要因爲我說妳上班的地方是政治人物的酬庸，妳就談政治。」

我答：「事實上，當我爲別人服務的時候，確實是有很多人會問我有關於政治的問題。我會很坦白的告訴對方，我討厭黑金政治，討厭選舉式的政治，也不喜歡走透透做秀式的政治人物，更不認同捨不得交棒的政治人物。我常常會告訴別人，如今每一個人民必須要學會從下而上改變台灣的政治環境，這樣台灣的未來才會有希望。」

有一位說：「妳在書上說通靈人的悲哀，譬如什麼呢？」

我笑著答：「譬如上個星期，我爸爸的好朋友想要找我談一談，我要對方照樣掛號排隊，結果我被爸爸狠狠地罵了一頓。」（長這麼大，這一次居然是被爸爸罵得最慘的一次，各位讀者，你們很難想像我居然是這樣固執的一個人。）

教授接著又問：「好好，那妳告訴我為什麼妳會覺得悲哀呢？為什麼妳會要求對方照著妳的方式？像這種情形如何用社會學來加以說明呢？」

我答：「我不喜歡有人把方便當成隨便，大概是因為從農業社會進步到工業社會，人權提升的關係吧。」

「妳沒有聽懂我的問題，我的意思是這種情形在社會學上應該怎麼解釋呢？」

「舉個例，以前的醫師，半夜有事，照樣要提著包包出門問診，可是現在就不一樣了，病人必須要在醫生規定的時間內，才能看病。」一旁的另一位教授加以說明。

「我想是因為工業社會講究工時的關係吧！」我很沒有把握的答著。

「就像陳水扁的女兒覺得記者侵犯到她的隱私權，所以對記者發飆，這個在以前還得了，但是現在我們就會把她歸類在新新人類。那麼這種轉變過程在社會學上應該怎麼解釋呢？」原來發問的那一位教授又說話了。

「我想是因為農業社會走向工業社會，人權的提升所造成的。」我還是那一句話。

「不對，不是這個答案。」教授不滿意我的回答。

間。

「對不起，那我就眞的不知道了。對不起！」光是問這一題，就占了七、八分鐘的時

有一位女教授問我有關於陳進興犯案的社會背景問題，這是我覺得唯一有意義的一個問題，我也將我所了解的說了出來。過不了半分鐘，另一位教授又問了一模一樣的問題，我只好這樣回答：

「對不起，這個問題是剛剛那一位教授問的，而且我也已經回答過了。」

「喔！那我將妳剛剛說的歸納一下……。」教授自我圓場。

兩組的口試教授都問了同樣的一個問題——

「妳爲什麼要來考研究所呢？」

「很現實的問題，如果我的學歷高一點，我所說的話就比較有份量。尤其我是個通靈人，我的書就是因爲有楊局長寫序，所以讀者才比較認同我這個人。」

「會這樣嗎？」

「因爲您不是我，您當然不會知道。就有讀者打電話來告訴我們咖啡店裡的小姐說，台灣通靈的人那麼多，我都不信，就因爲是楊局長爲《如來的小百合》寫序，所以我才會買來

看。」

有一位問：「妳有沒有看過社會學的書？妳能不能說出書名，或者說出作者、出版商，或者形容一下書的封面也可以。」

「有，我看過三本，是爲了這一次考試才看的，但是我不太記得……。」那個時候，我已經沒有興趣告訴這些學者，我做過筆記的事了。

面對這樣子的口試，臨走前我對教授們有感而發的留下了一句話：

「如果重新來過，如果我還有選擇的機會，我會去報考醫學院的精神科。」

我的研究計畫

報名時必須繳交書面審核的資料，其中有一項是「研究計畫」，我是這麼寫的：「社會學的領域實在是太深太廣了，但形成社會最基本的個體『人』，才是我研究計畫的主要對象。唯有了解『人』，才能夠更深一層地去分析大部分社會現象的起因，也較能夠提出適宜的對策來幫助整個社會的成長與進步。如果只是做些調查報告、在政策方面修修改改……，而忽略了『人』本質的重要性，那麼再好再棒的計畫，都是多餘的，因爲它缺少了『人性』作基準。

「也就是說一般人常常會用自己的標準來衡量別人，忘了每一個人其實都是各有天性的。我個人以爲想要進入這個領域做研究者，如何跳出這個框框，讓腦袋放空再來研究社會學，實在是一門大學問，而這個課題也才是我想研究的重點。

「對社會學我所知有限，但仔細看看社會的衆生百相，卻發現很多的社會學研究學者似乎常常『脫離』了社會、人群在做研究。舉個例，就像做抽樣問卷調查報告，既然題目是學者提出來的，那麼『主觀』的意念就在無形之間形成了，就算是請答者自行發表意見，也多半是繞著相關的問題在迴轉而已。如此一來，思考的空間就受到了局限，相對的，所得到的反應就會不夠周全。

「然而，在台灣現今這個社會，人心亂，社會也跟著亂；在位者忘了方寸，人民也跟著不知所措，就算社會學者非常有心想爲大家盡點力，卻也往往不知該從何處下手，因爲學者本身也成了這個紊亂社會的一個受害者。而當社會學家無法跳出圈圈，做個清明的旁觀者時，又怎能對這個社會有所提議？有所建樹呢？」

我想我的想法也許比較天眞比較特殊，因爲研究計畫中的主角居然是「社會學者」本身，這個計畫也許可行，因爲它的研究對象，就是教授、就是同學，或許您會不以爲然，但是，這確實是我的研究計畫。

讀者來函

《如來的小百合》出版的前一日，在開車回家的途中，我看到自己變成了一個約十歲左右的小女孩，穿著白色的連身衣服，躺在一個高台的石壇上，仰著頭，看到的是一片萬里晴空，側了頭，淚水流了下來，心中只有一句話：「我把自己交給你們了，要殺要剮就隨你們吧！」別的作者也許高興自己的文章變成了鉛字，而我卻害怕從此迷失了自我，也失去了自由。

朋友安慰我說：「想那麼多幹什麼！搞不好一兩個月後，人家就把妳給忘掉了！」然而，三個月後，聯經出版公司因爲讀者的反應熱烈，特地在台北、台中以及高雄辦了四場的讀書會。朋友又說話了：「奇怪了！怎麼會有那麼多的人會有那麼多人生的問題呢？」

三月份剛出書的時候，我傳了一封信給聯經出版公司，如下：

陳小姐，林主編，兩位好：眞的是帶給妳們太多的麻煩了。

「問路咖啡」那裡，也接電話接到累了。

四月份的預約早已額滿，而我又在上班，所以每個星期也只能爲讀者服務一天。

沒辦法，身爲人母，我總得留一天給孩子（有時還得撥出這一天還一些人情債）。

以前沒上班時，我一星期看四天，一個月平均看一百五十人，再怎麼努力也看不完。

就是因爲沒有辦法爲衆多的人服務，所以我才會想到出書。

結果，我這個「伶姬」，把這個「靈機」給算錯了。

有人說想要來拜拜，有人說想看我的廬山眞面目，看看這個「靈乩」到底是啥模樣。

其實在書裡，我可以回答的，差不多都說得很清楚，就是怕別人誤解，怕別人被騙，

怕別人走進迷信的胡同而不自知，所以我盡量用舉例的方式，並且形容得非常詳盡。

也許就因爲一般的通靈人，是用裝扮得越神秘來吸引越多的人，

突然冒出個一絲不掛裸體的通靈人，您以爲會如何呢？

如果聯經能夠想到更好的方式可以服務讀者，我會很樂意配合。

（但是絕對不是一對一的，一對一只用在問路咖啡，我也不會在網路上回答問題。）

譬如二、三十人的小型座談會，大家很輕鬆的交換意見，效果可能會不錯。我相信各位應該知道我出書的用意，如果我想到名想到利，我就不會出書了。我總是希望大家能夠靠自己的努力、自己的智慧去走屬於自己的路，而不是無頭無腦的隨著他人起舞。

除了謝謝，還是謝謝。

伶姬

眞的是非常感謝各位讀者的支持，好多的讀者寫信給我，有的想要知道自己的前世因果，有的和我討論通靈的經驗，更多的人是告訴我他們看這本書的心得。從這些信件中，我挑出一些可供大家「共想」的部分，藉由這些精華，讓我們「共享」讀者們的智慧。

※台中某小姐

大家都認爲我大概就像我的外表一樣凶凶的，但那是在處理或面對一些不公平的事情上，我無法忍受那些推、拖、拉的功夫和蠻不講理的人。我覺得女人在某些角度上很可悲，當妳盡心盡力排除萬難的去替大家解決困難得到成功後，別人似乎看不見妳的努力，只會說那個女的很厲害，這樣的比喻其實很傷人，尤其是女人。事實上，我自認是心軟又容易受感動的人，有時連自己都感到莫名。

感謝陳太太願意出書讓衆生們對生命有重新的認識，雖說是您所謂自己的感覺，但是，我相信，只要是有心人都能夠明白您的心意，這是一個多麼好的範本。誠如所言，生命是因果的延續，生老病死皆是學習，學習種善因，結善果，如此巨大的啓發，相信總會幫到些迷茫的人群。

雖然我一直相信因果的存在，但那畢竟抽象而遙遠，從您的敘述中，我有了新的體悟，我相信一切重點在於肯放下身段去學習，就會有機會，這給了我莫大的鼓勵。

※台南某先生

請保重您的身體，就算爲衆生吧！即使才能卓越，如果健康情況不佳，也無法淋漓盡致的發揮。因此，把健康管理也當作是一種工作吧！

……固執地堅持您的做人原則，不同意出版社及中文研究所所長提議，分成好幾本，分成好多的「二百五十元」，甚至不惜更換出版社……。

但是，也因您的原則堅持，我們買了好多好多本只有一個的「二百五十元」，因爲內容豐富，批判腐老的迷信，因爲我們看到一份眞誠的堅持及智慧，不爲世俗傳統而隨波逐流……。

註：朋友將我的稿子拿給某中文研究所的所長看，所長認爲主題太多，建議我將這一本書分成好幾本寫，他可以請研究生幫忙。我以爲買一本就可以解決的問題，爲什麼非要讓讀者多浪費一些錢，所以婉拒了。

聯經出版原先是希望我能夠把章節的次序加以重新編排，將較爲吸引讀者的部分排在前面。我這樣回答：「如果是爲了要吸引讀者，那麼我就整本書寫勸降陳進興的經過就好了。」

但是我出書的目的是爲了要破除一些不必要的迷信，話說回來，如果不把白案扯進來，光是要讀者相信一個沒沒無名的通靈者，似乎也並不容易。所以如果聯經出版公司堅持要更改章節次序的話，那只有一個答案，我換出版社就是了。

※台中某小姐

多年前曾看過幾本有關前世今生的書，是一位心理醫師以催眠的方式讓病人回溯到過去而意外發現生命有輪迴，今生的因緣與前世大有關係，看了您的書更獲得進一步的印證。我的孩子還小，這本書我要好好留存，將來一定要他們好好讀一讀，相信看過這本書的人，應該都不敢做任何一件不好的事，因爲隨時都有攝影機在錄呢！最恐怖的是，居然還有攝錄心念機，連起心動念都會錄，這倒令我惶恐不安了，因爲許多年來，每當我受到不平待遇或有委屈時，爲避免正面衝突，我總是在內心裡用幻想、謾罵甚或詛咒對方以消氣，我總以爲這是一種較安全的處理情緒的方式，沒想到已種下許多因了，眞可怕！

※台南某先生

對「人生的學習」又更加深自己的信心與方向

我是個平凡卻又有福氣的傢伙

因平凡所以不用去承受如作者割心切膚之痛

就能好好體會自己所承受菩薩神佛的恩澤

且又能有著藉著他人的文字智慧

體認出一些宇宙眞理的福氣
謝謝作者智慧的分享
我會好好一再地去閱讀此書
畢竟人是眞的需要不斷的學習與進修
如果有緣，希望有機會能與陳女士聊聊
不爲權柄姻緣，就是「學習」二字罷！
請繼續堅持，讓我們有讀好書的福氣
加油！

※高雄某小姐

我是……，請放心，無任何企圖，只是想與您聊聊。在這之前，沒有一本書是我想一口氣就把它看完的，《如來的小百合》是我在出版社的書目中看到的，簡介引起了我的好奇，您的身分更讓我覺得神秘（從陳進興案件開始），雖然最後仍是用好幾口氣才看完，但已算是破了我個人紀錄了。

看完這本書後很有感覺，您的「遭遇」在我生活中也發生了，雖然我不是當事人，但是我略能體會您走上這條路的艱苦。……記得在我高二時，娘開始會通靈，至今十八年了，歷經的過程大概就如您〈通靈人的悲哀〉中略爲提到的。當時，家庭革命是少不了的，更何況，娘還必須遵照祂們的指示換了好幾個道場。剛離鄉背井時，只要一想到家人就會暗自落淚，但是又不能跟祂們辭職不幹，眞是無奈。近幾年，她常說已經熬過來了（得到家人的認同），但後頭的路還很長。

她總是說：「天將降大任於斯人也，必先苦其心志，勞其筋骨……」眞的很偉大。娘內心的苦，其實也是在我年近三十歲時才慢慢釋放出來的。起先我總認爲她發的牢騷，翻的舊帳根本於事無補，幹麼每次都講，甚至常常跟她頂嘴，經過四、五年之後，我慢慢能體會她內心所承受的壓力。她也只是一個平凡的女人，身心必須背負祂們所給的任務及衆人所請託的期待，眞不是「辛苦」二字所能形容的……。

說實在的，「通靈」這檔事在我心裡仍是個謎，最近我會在娘收訊息時，貼近她的耳朵聽聽看，結果當然是什麼聲音也沒有（眞是好奇寶寶）……隨著娘「工作」的經驗裡，聽多了人生百態的眞實故事，這世間眞是無奇不有。其實我一直以娘會通靈爲傲，但是看她這麼辛苦，心中有些不捨，或許就因爲她積了那麼多的德，我們一家子才能平平安安，大事化小，小事化無。我覺得自家人最難渡自家人。

有人會懷疑她說出的勸善警世之語，到底是出自她本人還是祂們的指示（因爲這種人認爲祂們的威信較有說服力），唉！只要是善意的建言，不管出自誰口，接受又何妨呢。有時我心裡都會罵這種人是一群不知死活的傢伙。

雖然娘是祂們傳話的使者，但是對待我們家人祂們可是公平待遇，賞罰分明。有不明理的人會說，妳娘會通靈，怎麼沒算出……剛開始聽到這種話，心裡會很氣，現在呀！隨他們去吧！我認爲，每個人落入凡間都有自己要修行及承擔的因果，該是誰的絕跑不掉……我這輩子是來還債的……還就還吧！反正是自己有能力才能幫人擔，況且這也是一種受肯定的方式，只要不做壞事觸犯法律，小事我還能幫得上，有何不可……。

看了這本書對我眞有個好處，往後似乎可以少費些唇舌去解釋一些「玄事」，現在我已開始推薦此書給一些有此興趣的朋友……我發現一件事，這次竟然是我頭一遭跟陌生人談自己的事，好像很冒險，其實這些也不是什麼秘密啦！就當您是一位心理諮商師，聽聽我這個喜歡寫讀書心得的人，心中的一些感想……。

※彰化某小姐

……這種困惑之心不由產生，我是這麼誠心想拜祂，爲何還這樣？這樣當初倒不如不拜。這種心情讓我變得沒信心，也沒有支柱，更不知這世界上還有誰可以相信。今日有緣看到您的著作，我深感羞愧，也許自己太自命不凡，錯以爲自己做得很好，而不懂得虛心，沒想到自己的修爲如何，還想供奉層次多靈通的菩薩，自己的程度也只配如此。但願有了您的提示，讓我更懂得往後該如何去做。謝謝您，讓我有機會跟我的菩薩說抱歉。從今天起，我會更注意自己的修爲，讓自己更精進，也才不虛此生是還願而來。

※　※　※

曾多次提筆，更想見您，但深知您的忙碌，更不敢打擾您寶貴的時間。但幸運的，我都能在《如來的小百合》裡找到答案。也許您會笑我太瘋狂了吧！但這是眞的。這些日子我都是靠這本書度日子，並非我把您神化或偶像化，而是我照著書中去做，去修正自己，讓自己爲需要幫忙的人，盡一份微不足道的力量。

昔日我是一位喜歡算命、問神的人，甚至有一點依賴這些指點過日子，但現在看多了、聽多了、也煩了，讓自己生活在恐懼中，眞的很無助。我很慶幸自己能成長，看清楚這個世界。世界上眞的沒有十全十美的人生，更沒有好事全部都在我家，壞事全部落到他家，這樣可能太不公平了。惜福知足就好過日子，您說不是嗎？

※台北某先生

……雖然身處金融市場，不過對我而言，卻像是遊戲一樣，也有很多位「徒弟」跟我學操作（未收分文學費），我常提醒他們，獲利部分記得拿一部分出來回饋社會，幫助需要的人。

我的人生觀有六個部分：一、自我成就感。二、親情。三、愛情。四、友情。五、宗教意識（但是我反對加入任何一個教派，以及對某某大師的盲目崇拜。我相信每個人都有神性，但此神性必須向自己的內心深處去尋求，最好天天都能反省檢討自己，時時刻刻都把良心放在最前面去面對所有的人與事。能通過自己良心檢驗的思維和行爲，相信就不至於有太大的偏差）。六、對整個地球的大自然生態環境、人類與動物的關懷、付出。我覺得這六點應該平衡分布，人生觀就會豁達開朗，不至於太過物質化。人生最後能帶走的東西，絕不是金錢物質，唯有精神與靈性的修養，才是終極的喜悅，您說對嗎？

由於前一陣子，偶然拜讀您的大作，文中有許多地方不禁令我拍案叫絕，直呼「怎麼會這樣？這些都是我也有的想法。」眞的是「太爽」了！（毫無不敬之意！）所以雖未謀面，卻覺得好像就是熟識多年的朋友。古人所謂在書中「神交」，大概便是如此！……

感謝您今天數次問我有沒有想要問的問題，但是對於我個人的問題，我並不在意。如果是好事，心懷感恩，如果是不好的，那可能涉及因果，我還是會以感恩之心去面對，盡量做好該做的事，接受考驗而不生恨意。我對自己的要求是，對人與人的交往，要重情重義重信，珍惜「緣在」的時候，重視相處的過程，但不要設定最後的目標「應該如何」。「緣盡」時放手隨它去，不用執著！因爲在過程中我們已盡心盡力。最開心的人，莫過於在任何時刻結束生命時，都能坦蕩地說一句「此生我已了無遺憾！」

※　※　※

您好！能夠收到您的回信，眞的很開心！因爲我原本就沒有如此預期……。

這十幾年中，我最大的改變便是拋棄所有的意識型態，就像《與神對話》中所言，這個世界之所以會四分五裂，就是意識型態所造成的。大從分國家、分種族，小至分宗教、分黨派，從分別的過程中，就形成了對立。每個人都在自己四周放置了無數的大圈圈、小圈圈，透過這些「有色圈圈」看世界，看到的只有衝突和對立。人類如果還不能覺悟，認淸楚我們只有一個家——地球！盡全力保護自然生態，降低全球人口數量，大自然的反撲力量很可能已爲時不遠……。

但是全人類不思集所有人力、財力，解救環境問題，還在從事軍備競賽，可笑嗎？民進黨被質問是不是中國人，其實根本不必回答是與否，只要說「我是地球人」即可。當世界毀滅時，可不分你是中國人、台灣人，大家都是死路一條。

所以基於拯救大環境，以及慈悲心（未來的日子全球都不好過，誠所謂人類這百年來自作孽，所以何苦再製造生命來受苦？），才會勸新婚者勿生。如果眞的很喜歡小孩，不如去孤兒院領養，如此反而是做善事。很異類的想法嗎？

※某小姐

……其中，伶姬小姐對孩子們的管教方式，我頗爲欣賞。老實說，我是個失敗的母親，我的孩子被我寵溺得不像話，很會看人臉色，專欺負我這軟弱的媽媽。感覺自己自小到大沒做過什麼好事，好像只是一直在製造著悔恨及遺憾，到現在一無所有，覺得自己好失敗！

不過，伶姬女士讓我體悟到「信念」的重要性，我不斷地告訴自己——「不要灰心，不要沮喪，一切不會都只是平白受苦的，我們的信念隨時會改變自己的命運。」我一直深信自己的想法及個性影響命運的說法……。

※　※　※

……我知道自己的故事相當不光彩，我告訴了伶姬女士，希望您不要看不起我！就是因爲自覺「罪孽深重」，所以一直在懺悔！每天都禮佛參拜，祈求老天爺原諒我這污穢的行爲！在很沮喪的時候我看了伶姬女士所寫的《如來的小百合》，那「生命原來有因有果，生生世世的歷程原來都是學習」讓我重新改變自己。我想懺悔，我想改過，希望老天爺再給我一次機會，讓我「將功贖罪」。我知道我錯了！我壓根都不想去破壞別人的家庭！我了解那種苦，因爲我的母親是如此活生生的例子，我應該是最了解的，我怎麼可以這樣做呢？但是經過了這個事件後，我花了好久才將自己的心態調整過來，原本每天都做噩夢的我，已經漸漸脫離了這個噩夢。半年了！與其花三、五年的時間來自憐自艾，我希望自己能早點站起來，讓父母、家人相信我也有聰明的時候。……畢竟這個世界上除了愛情，還有很多我們值得去珍惜的情感。這個婚姻和事件讓我有了很深刻的體認，沒有這個婚姻和事件也不會有今天我的成長。我願意改變我不好的個性，藉由如此來改變我的命運，至少我逃離了那個令人窒息的婚姻，但惋惜的是我錯用了方法。其實伶姬女士的那一句「山不轉路轉，路不轉人轉，人不轉心轉」確實也影響了我，我也為了這句話想了好幾天。

謝謝伶姬女士喊了我一聲「孩子」，您知道嗎？看到這個字句竟讓我有種想哭的感覺，就像伶姬女士看到夢中的臥佛，那「世上最高大的媽媽」，那種熟悉與親切留置心中久久不會散去。謝謝您，再次謝謝您！我一定會去看您的。

希望有朝一日我也能到恩主公醫院當義工，或是幫助需要的人。

※　※　※

在此我也附上兩封我回給兩位讀者的信。

孩子：

我很高興我能夠再一次這麼樣地叫著妳，如果妳是我的孩子，我一定會緊緊地把妳摟在懷裡，大聲地告訴妳：「孩子！加油！我相信妳絕對做得到、絕對站得起來的。萬一累了，家裡的大門隨時為妳開著，家中的每一個人隨時歡迎妳歸隊。」

我所收到的讀者來函中，妳的來信最讓我心疼。我的生活原本是相當單純，自從通靈以後，生活中加進了許多的色彩，而妳的故事卻是用盡我所有的色彩也無法描繪出來的一幅畫。

在妳的第一封來信裡，妳只輕描淡寫地告訴我，妳今年二十四歲，離婚了，心情很不好，妳想知道前世因果。我提起筆，但是祂們什麼訊息也不肯給我，只是要我告訴妳，妳是個有慧根、有佛緣的好女孩，不要給妳任何的答案，祂們希望妳自己走過來。而今，在妳第二封的來信裡，我證明了祂們眞的是沒有看錯妳。

妳的故事，坦白說，我是一邊看一邊直呼著：「怎麼可能會有這種事呢？」但是，我再怎麼不相信，那畢竟是妳有血有淚的眞實故事。我比較能夠心安的是，妳很有條理不帶一絲絲怨恨，簡單扼要地敘述了整個過程，光憑這一點，就有很多很多的人做不到，更何況是一個只有二十四歲的小少婦。我想，就算是換成一個四十二歲的婦人都還不見得有妳這般的表現。

孩子！妳是眞的不知道妳自己有多優秀！當然了，我也相信在這個社會裡，還有許許多多比妳更苦的人，不管是實質生活上的苦或者是無形心頭上的苦，那些人苦到沒有時間去想事情、去想到自己。有一句座右銘可能可以讓妳心胸更加寬敞——「別人騎馬我騎驢，看看眼前我不如；回頭一看推車漢，比上不足下有餘。」

對我而言，最大的感慨是——我終於知道我到底做了多少事！雖然通靈這麼多年，但是卻從來就沒有深入對方的心海中，因爲，就算我再多給妳十個三十分鐘，都不夠讓我聽完妳的故事。原來過去我所有的服務，只不過是讓我說完祂們交代我說的話，卻從來就沒有盡心盡力去挖掘對方心中的「苦」。也許我是給了對方一個可以打開「心結」的答案，可是卻沒有盡到一個心理諮商師的基本工作——傾心聽聽對方的故事。謝謝妳！孩子！我會調整我的路線！謝謝妳改變了我的世界。

伶姬　七月六日

※　　※　　※

某小姐您好：

一口氣看完您兩封來信，文筆實在是很好，只是，我實在不知道該說些什麼，正如您所說的，就像是醫生一樣，病人看多了，痲痹了。我有心幫您，但是如果您自己一直哀怨自嘆，腦袋瓜中，清清楚楚記得過去時光的點點滴滴，記得別人對您的不是，說句不客氣的話：「您只好一直活在過去，活在痛苦裡，那是您的事，沒有人幫得了您的忙！」我可以這麼告訴您，病人看多了，醫生才深刻地體會到，「自己的身體眞的是要靠自己好好照顧」。而我這些年來的經驗，也讓我淸淸楚楚地了解到，「自己的命運眞的是掌握在自己的手中」。

所以如果您曾經用心地看過我的書的話，您就會知道，我自己從不爲自己算命，我也從不爲我的小孩、我的家人算命。就算再大的難題，我的家人早就被我訓練得很知趣了。我總是說：「你還有百分之四十可以改變，更何況，我不見得算得準。」

您的來信中所言：「根據我求神問卜的經驗，時也、運也、命也，求問者和被問者之間磁場互動也是很重要的，如果彼此磁場不合，也是沒用。還有求問者沒有貴人或時運太低也沒用。」「我常常在想，我多麼希望我的一生中能夠有能力去幫助別人，爲我所愛的母親——台灣，盡點棉薄之力。奈何，這一生中自己好像身陷泥淖之中，掙扎不出，我搞不懂，我的一生是爲何而生呢？爲什麼自己那麼不懂人類的遊戲規則？我不奢望自己通不通靈，之所以追求玄學、宗教，完全是想知道自己爲何而生，爲何而活？」

某小姐，比您遭遇還慘的，這世上不知有多少，您知道嗎？我面對過的個案裡，比您還嚴重的，說出來您也未必相信。您從我這兒回去，您算過沒有，才幾天而已，我要說的是，您給別人的機會也才不過施捨了幾天而已，您就要求對方馬上改變成另外一個人，試問一下您自己，您試著想要忘掉某某先生，前前後後您花了多少時間呢？眞的忘光了嗎？您自己又改變了多少呢？

您前夫，從小就生長在這種家庭中，他比您更難過，不是嗎？上有多個姊姊，什麼時候才可以輪到他作主呢？他今天懦弱，誰同情他呢？更何況是您自己走到他家的。從您前夫的例子裡，不妨想一想，您的小孩，將來可能會如何？也許是另一個翻版而已，如果您不負起您作爲母親的責任的話，您兒子的未來您現在就可以知道是什麼結果了。

您的一生是爲何而生呢？很簡單，爲了您的兒子而生，爲什麼您就不能做個好榜樣讓兒子模仿呢？如果連這個基本的做人遊戲都不懂，還有必要敎您些什麼呢？還能期待您爲台灣盡點棉薄之力嗎？我實在是不敢奢望。

伶姬

※台北市某先生

伶姬小姐您好：

感謝您兩本書帶給我的啓示，給了我一個新生命。自從看了您的書之後，我察覺到自己的缺點就是太自私。經反省後，盡量去除自己的私心，凡事都爲別人想想，利益他人，利益公衆的事，不分大小都盡力去做，以服務爲目的，時時刻刻存著幫助別人的善心去幫助需要幫助的人。心存正念不貪取任何一分不屬於自己的金錢或財物；不自私自利，只想到自己的利益，而不顧別人的立場。這是我從書中所得到的東西並實行應用於生活上，結果每天都過得非常的快樂。

我終於找到了自己，也知道人生的目的就是「服務他人，利益衆生」、「學習忍辱，甘願還債」，凡事爲他人著想，不爲自己，眞心的付出爲人服務，恪守信用，誠實不妄語，守時守分守規矩，則最快樂的人就是自己。感謝您帶給我的覺悟。

以前我只會念經，不知去除執著功德分別，不知經典應實際落實在生活上，從最小的行爲做起。像您挺著大肚子還爲公寓樓梯打掃，爲人算命不收錢，不求名利，要算命的人一切按規定預約掛號，這是平等無分別心。又從不爲自己或家人算命求神，這正是「但願衆生得離苦，不爲自己求安樂」的菩薩精神。

由您書中可以得知您是「正法」的代表，不貪、不爭、不求、不自私、不自利、不愛名利，以算命說因果，方便法門渡衆生。我是最大的受益者，從您書中得到了智慧覺悟，也發願今後要學習您的精神，「正己」開始，不貪名利，守規矩，守紀律，盡自己最大的能力來服務他人，利益衆生，而不求任何回報。希望您能繼續出書以渡化更多有緣人，我就是您渡化的人之一，自己覺得受益良多。學佛數十年都是在文字上打滾，直到看見您的書才知道該怎麼做。

眞的非常感謝您，才寫出這封信，一方面致上十二萬分的感謝；另一方面鼓勵您再接再厲再出書，有很多的人因您的書而覺悟，而離苦得樂，眞是功德無量。

九十一年元月二十四日

＊我的小女兒看了這封信之後，說了一句話：「媽！爲了這一位讀者，妳就該繼續寫第三本書。」

※台北市某國中女生

（信封上如此寫著：台北市一位單純想表達謝意的國中女生）

親愛的陳媽媽：

請原諒我擅自如此稱呼您，如此更有一番親切感，希望您別在意！首先問候您全家大小好，相信收到信的同時，心情舒暢，因爲那附上了我的祝福！（笑）

我目前是一個國三生（女），老實說，後天就要模擬考了，但我無法壓抑讀完您書後的雀躍心情，希望快點親自感謝您。原本，我有些懷疑媽媽朋友推薦的《如來的小百合》，連書名都看不太懂，這位通靈作者到底要書寫些什麼呢？原諒我懷著一些不尊敬的心態開始閱讀，一開始是好奇於您不同的身分，到後來卻發現，透過您的筆，的確傳達了些我平日忽略的重要生活觀。也可以說，您用另一種方式震撼了原本愚癡的我，這時我更發現，還有許多日常規範您所希望我們培養的，跟您的身分著實不太有關係，重要的是那份態度。

一口氣讀畢您的兩本著作後，不似以往多次反覆的「痛下決心」，而是平靜的湧現一股力量，促使我大大的改變。再次感謝您辛苦，更可能承受了些許的掙扎完成《如》、《蓮》兩本書。再次提醒您，會有收穫的，您努力想傳達的道理，確是有人領會到了（不敢說完全），謝謝您的貢獻！雖然目前只進行了一天，但我也開始「修正自己的行爲」，自動補倒開水，幫媽媽提菜，表達對父母的愛，認眞過我人生的每一個十分鐘（說每一秒我還做不到），主動關心周遭的人。

說來慚愧，活到那麼大，卻一直在「知易行難」的藉口中寬恕自己，把道理當作裝飾品，謝謝您點醒了我！（我媽又要說我只聽外人的勸告，都聽不進父母的話了……對不起啦！媽！）希望就算將來您遇上了什麼說理的挫折，也別心灰，想想還有我們正滿懷感恩的在修行！（It's your功勞！）

當我看到〈超級電腦〉時，除了再次感嘆自己的愚癡外，更多了懷疑；讀到《蓮花時空悲智情》中的〈祂們說〉時，更控制不住的開始對空無一人的客廳大喊：「你們到底是誰？」「這宇宙的幕後黑手又是誰？」「靈體、思想的出現又爲了什麼？」我希望更深入探究井外世界的眞相，但首先我得先考上理想高中了……（哈）。在國三時，我也感受到無與倫比的精神壓力，因爲我跳不脫世俗的壓力，「我想比別人好」——這就是我痛苦的原因。

除了競爭壓力外，最使我痛恨的卻是那深陷在比較、嫉妒泥沼中的我……我好想好想快樂的和大家一起學習，但曾幾何時，我迷失了。我不願再嫉妒那些好的人（表現環境），可是那些污穢的想法總是自己跑出來。讀完書後，我一定還是無法控制我內心裡的魔鬼，但我會努力糾正我的心態的！我絕不願意一生都在猜忌中打滾！感謝您！

另外，有個問題想請教您，每當我家殺蟑螂、蚊子、螞蟻時，都有一股難過，難道就不能「誰都不要被剝奪生命」嗎？但我媽又說那是不得已的，而我也眞的怕牠們……我們只能爲牠們說聲「地藏王菩薩」了嗎？

最後，謝謝您看完我的廢話，不時寫錯字及潦草筆跡也請見諒，還有太多未知待我們一起努力探究，當然前提是良好的品性！我會加油實踐的！您也請加油，爲您所認同的事物持續與世界修行！

九十一年二月十八日

*這是我所收到最年輕的讀者來信。

關於殺蟑螂、蚊子、螞蟻時，又該如何呢？

我是這麼做的——在家中，因爲這是我的「地盤」，我必須保護我自己，所以就算牠們沒有攻擊家人，我也會主動殺害牠們。到了室外或者是郊外，那是牠們的地盤，除非牠們先攻擊我，否則我不認爲我有權利殺牠們。

※桃園市某先生

很慶幸的接觸到您的書，有很多事情我因此而頓悟，很謝謝您這樣爲大衆的付出，雖然我無法像您一樣有那種能力爲大衆解惑，但在我平時的生活中，我盡力去扮演我的角色。我很喜歡鼓勵別人多看點書，去充實自己的智慧，我的目的並不是要大家努力讀書，追求更高的學位，我很希望每個人在無法獲得經驗或無法解決自己問題時，自己去找答案，自己去學習，畢竟學到的是自己的。有多少人是經歷過創傷才學會的，難道當初沒人告訴他嗎？有時，貴人出現相助，若自己不會去掌握，等於沒有不是嗎？

我常告訴我的朋友，人的生命短暫，最後都是一堆白骨，爲什麼不珍惜眼前的一切呢？等到失去時再後悔是來不及的！有人說我太悲觀了，其實我並不是悲觀，是我實在經歷了太多，我希望他們能腳踏實地的做人，在工作上去盡自己的本分，有能力去幫助別人，凡事爲他人著想。尤其是我身爲銀行行員，是服務業，無理取鬧的客人一定有，有時連我也會受不了，是眞的客人的錯嗎？未必！有時自己也會錯的，站在他的立場想想，聽聽他的抱怨，才會知道如何幫助他，或許也是魔考吧！（我自己的想法）是來讓我修行的，所以我盡量告訴自己不動怒，長久下來，我發現我進步了！謝謝您！

我相信我也有一個黑盒子，尤其是第三個黑盒子。在某天的一個傍晚，我騎車回家途中

（每天騎車來回一小時車程），我看見路中央有隻狗已經躺在路中大聲哀嚎，不用說一定是被車撞到了。原來已經騎過，但一想到常看見路上很多被壓扁的動物屍體，我決定回頭去救牠，雖然我不知道能不能救活，但我不想看到牠被車壓扁。當我要把牠抓到路邊時，不注意時牠咬了我的手，哇！我顧不得那麼多，先把牠弄到路邊去吧！半推半就，終於把牠推到路邊去了，實在是因爲很痛又流了滿手血，我只好忍痛騎回家了。我並不怪那隻狗，當一個人受到驚嚇時，也未嘗不是如此？算了！之後那隻狗就不再看到，但很值得欣慰的是，我沒有看到牠被壓扁在路上！

一個星期後，我出了車禍，我迎面撞上小發財車（對不起！其實那天公司聚餐，我也喝點酒），原本應是很嚴重，沒想到是我的後照鏡打到對方的後照鏡，受了點皮肉傷，車子倒是損失慘重。後來想想，啊！「轉重輕受」，救了那隻狗，讓我的傷害減輕了！謝謝那隻狗！謝謝老天爺！我會記取教訓的！

※台北市某先生

日前拜讀了您的《如來的小百合》一書後，又有幸於週三元旦下午至問路咖啡廳聽您爲人解答疑惑，對於您願意發心爲人解答人生疑惑，甚表欽佩。過去十年，我一直在探討人生的意義，涉獵各方心靈的書籍，由於資質駑鈍，只能有一點小心得，在讀完您的大著及聽完您的談話後，有些看法提供給你參考，亦請不吝賜教。

在書中您有一個重要概念談黑盒子，您用三卷錄影帶來說明人生的命運，並且用百分之六十的天生注定及百分之四十的努力，來說明人生的歷程。關於這點我嘗試用另一種比方來說明，還記得在學校上課時，開學第一件事便是註冊，註冊後便要開始選課，接著按照所選的課逐課來上，靈魂決定投胎即是註冊，並且須選定所要修的課程及順序（1）。例如有人來主修感情問題，當然還會順便選讀金錢等困擾。許多人找算命先生算命、批流年，所看的便是在註冊時所選的課爲何，但是選課是一回事，修課又是一回事，如同大學的微積分，許多人覺得非常困難，但有人因爲努力，還是修得高分。算命或是通靈的人，因爲得知你選擇了一門感情困擾的課，因此認爲你將遭遇痛苦，可是因爲你不斷關心周遭的人的感情事件，並且研讀許多這方面的書，當你碰到該門功課時，可能不會走向悲慘的結果。

因此，算命先生與通靈的話到底準不準，答案即在當事人修課當下，其心態爲何，心念一轉，該修的課無法逃避，在態度上須坦然接受，並且用心去了解每一個事件中，所要學習的智慧爲何。課程可以預修，事件未發生時，便主動去學習，如果在一個事件中無法體會眞正的意涵，上天自然會安排下一個事件給你學習，這輩子學習失敗，下輩子還要繼續學，所以當下自覺的功夫非常重要。

呼應到您所提的黑盒子比方，第一卷帶子即是所選的課，第二卷帶子是上課的態度，而第三卷即是成績單（2），而至於命中注定占百分之多少，努力占百分之多少，由以上的選課比方來看，其意義便不大。微積分難修，努力還是可以通過，通識課程好修，一天到晚蹺課，還是不及格，所以選的課也不重要，心最重要。

許多人總喜歡怨天尤人，殊不知老天爺給人一顆自由心，可以自主性的決定自己的想法及做法，只是宇宙間有一定運轉的道理，所有人都要爲自己的行爲負責，此謂自作自受。

陳太太願意爲衆人解惑，可惜大多數人只願知道第一卷帶子的內容，卻不知或不願修鍊自己的心，導致您只能預告學習的功課，卻無法改變將要發生的實相（3），不過每個人的業自己修，我們也只能祝福。

一點小意見供您參考，假如您有興趣，歡迎有機會一起研究人生哲學。

※　※　※

感謝您在百忙之中回信給我，來信之中提了許多的看法，或許彼此在探索人生眞理的方式與機緣不同，且並無較多的互動過程，想法上的差異自是必然的，仔細拜讀您的信件後，一點小想法還是提供給您參考。

信末您提出一個謎，「爲什麼人生而不平等呢？」這個問題恐怕我無法回答，原因是命題有誤，人並無生而不平等，您對於平等的概念恐怕太過狹隘，平等的眞諦係指機會平等，而非齊頭式的平等，假如造物者創造每一個人完全相同的人生，娑婆世界便不會存在。

一般人認爲人生而不平等，怨嘆自己生在三級貧戶，而非有錢之家，殊不知生在三級貧戶經過努力奮鬥，最後可以當上總統。生在有錢之家，父親在玩女人，媽媽天天打麻將，小孩飆車吸毒最後被捕入獄，試問您會選哪一種家庭投胎（4）。所以根本沒有所謂公平的問題可言，每一個靈魂投胎的選擇，都有其神聖不可替代的功課，我總覺得都值得祝福，無須評價其好壞。

對於靈魂的投胎過程，實在無法用世俗一般性的眼光來看待，因果律只是宇宙律之一，知曉「因果」不必然能加速或改變一個人在功課上的學習，其實「源頭」絕對不是因果，那都只是過程而已。就像您透過靈所傳達的訊息，來告訴別人以往的因，並無法協助當事人悟透所需學習功課的眞正本質，最重要的還是心的修鍊。

既然您出一個謎給我，我也請教您一個基本觀念，人的投胎是自願的？還是有個審判單位或神來決定的（5）？建議您把這個問題請教提供訊息給您的高靈們，假如在這觀念上我們的看法不一致，確實無須再繼續討論下去。

※　※　※

謝謝您農曆過年前的回信，可惜業務繁忙一直到最近才有時間再寫信給您，不知近來您是否仍爲人解說因果、指點迷津或是打算繼續著作第三本書。

其實我的專業是在交通及土地規劃方面，只是從小便對於人生哲理及靈修相關事物非常有興趣，例如我國中便開始研究紫微斗數，大學時則精於易經的研究，工作後則沉浸於新時代思想的書籍中，在某次機緣中，竟也通曉天語，近幾年則是在佛經、聖經及《道德經》中，嘗試貫通各經典之眞理。或許是因爲物以類聚的關係，所以也認識許多的同好，大家不斷的切磋琢磨，也增長些智慧。

對於您發善心來爲衆生解惑，實在非常欽佩，但是想寫信給您是希望提供您一些啓發與想法。讀您的書與聽您與人之對談，有些地方確實有著迷思的存在，當然對於一般普羅大衆而言，您的說法是較吸引人的，可惜對於指引他們的方式與內容，似乎不盡妥適。

透過靈界傳來的信息作爲處事的參考是可行的，但是，如果您的心中無法體悟道的眞理，那些信息並無法讓當事人解決問題或了解應學習的功課。例如您喜歡用因果來解說事物發展的過程，那試問，第一「因」爲何（6），您也常建議大家以做善事的方式來解決一些問題，那爲何《金剛經》中說做善事無法積功德（7）。假如說眞理是一個殿堂，或許您曾經在那窗外向裡面看過幾眼，但要走進去的方式是需要更謙卑的態度去學習的。

回應

這位讀者在參加座談會的時候對著與會的其他問事者說：「各位不用擔心來轉世，因爲我們都是彼此商量好、自己決定好了之後才會來轉世的。」果眞是如此嗎？如果是自己決定的，那麼在這一世裡，也許我應該是個瑞士人才是。因此以下的回應多半是繞著這個主題在發揮。

1.這位讀者的例子用的是大學註冊的例子，但是小學、中學又是如何呢？姑且不談小學、中學，那麼總得要先考上大學才有資格談註冊吧！請注意觀察一下，難道每所大學的選修規定都是一樣的嗎？軟體師資、硬體設備皆會相同嗎？我想，一般社會大衆對不同學校畢業的學生也往往會有不同的評價吧……還有選修課程的種種問題，有些是必修，有些是選修，有些可以旁聽但沒有學分，有些有名額的限制等等，而那些沒考上大學的人又該如何呢？

2.第三錄影帶即是成績單，就是作爲會不會「過關」還是「被當」、「重考」的標準，換句話也可以解釋說就是您下一次靈魂投胎的依據了，所以「能不能上大學」、「能夠上哪一所大學」就看您自己的所作所爲了。

3.我不喜歡預告學習的功課，我比較喜歡告訴來問事者，根據他上一個學校（過去式）的成績單分數，或者根據他考進這個新學校（現在式）的入學成績單，試著提醒他在這一個新學校的標準規定之下，他應該秉持著什麼樣的「態度」來學習、來做功課，才會比較容易PASS過關，在畢業之後也比較容易找到好的工作，或更上一層樓繼續修碩士、博士。

就算他在上一個學校的成績是多麼的爛，就算他是以最後一名的分數考進這個學校，我都會再三的強調，只要他肯努力，他都有機會以第一名的成績畢業。但是我也會提醒他，不是只有功課好、分數高就是最棒的，希望他的思想、他的行爲也都是一流的。

如果考不上大學的人來問我，我想，我還是一樣的答案，我會告訴他趕快努力好好準備，也許明年就可以考上了。

所以，我再怎麼會通靈都無法改變別人將要發生的實相，我只能改變自己的未來，別人的未來絕對是操控在他們自己的手上。

4.選擇哪一種家庭投胎，你喜歡做總統嗎？也許你喜歡，也許你不喜歡，那都沒有關係，但是萬一有其他的人也喜歡做總統，那要怎麼辦呢？只能有一個總統啊！透過選舉，合法合理的選舉，本事好的人獲得了最高票，那麼就是這個人當總統了，其他的人怎麼辦呢？沒關係！繼續努力！等下一次的選舉，甚至於下一世，下下一世……只要您喜歡，只要您有本事，永遠都有機會等著您呢！我以爲這才是眞正的公平，眞正的機會平等！

另外我還會思考，爲什麼在這一次的機會中他可以當上總統，而我不行呢？是我本身的條件不如對方呢？還是我的選舉策略有了偏差？對手有那些値得我學習的嗎？……我不會傻傻的聽天由命，傻傻的等著老天爺要不要讓我當總統，既然我喜歡當總統，我就會爲下一次的選舉而努力加強我的「本事」。

5.人的投胎，就如讀者前面所言，「每一個靈魂投胎的選擇，都有其神聖不可替代的功課，我總覺得都值得祝福，無須評價其好壞。」是的！每個人都有自主權，都可以「擁有」最好的命運，過著最好的生活，都不願意有壞的命運、壞的劫數、過壞的日子。就像沒有一個地方的人士同意把垃圾掩埋場設在自己的土地上一樣。但是如果沒有垃圾掩埋場，這個社會、這個國家又會是如何呢？怎麼辦呢？如何在抗議人士與國家前景的考量之下，找到一個平衡點，找到一個妥協的方式呢？

既想要做總統，又不想要與垃圾掩埋場爲鄰，當每個人的想法或立場都差不多的時候，自由是一回事，但是民主，一種「尊重別人」、「尊重多數人」的眞正民主就更形重要。這個時候，也許就得偏勞那些我們一票一票所選出來的立法委員做點事，立個法，立個大家都必須共同遵守的法律，再經由票選出來的總統或行政院等單位認眞徹底的去執行。

6.第一「因」爲何？就像是問我先有雞還是先有雞蛋，先有亞當還是先有夏娃一樣，這種問題，在這一世裡，我想我可能永遠也不知道正確答案是什麼。但是我不被這種問題所迷惑所限制，因爲我珍惜當下，努力當下。我不知道宇宙到底有多大，也不知道不同時空的時間換算公式爲何，光是在地球這個時空，你、我所知道的又有多少呢？縮小一點範圍吧，我對自己的身體又了解了多少呢？一個「大腦」就已經是個小宇宙了。

是的！我的知識我的智慧很有限！但是我知道我的日子還是得活生生的一天一天的過下去，我必須去做、應該去做、可以去做的事情實在是很多很多，所以，第一「因」到底爲何，對我來說一點也不重要。同樣的，過去世我到底曾經有過哪些「因」，有過哪些「果」也不重要，重要的是我知道只要我從現在開始，好好的「過」我把握得住的每一分每一刻，那麼總有那麼一天，我可以達到圓滿的境界。

7.如果爲了積功德才去做善事，唉！「盡信書不如無書」！有能力幫助別人爲什麼不去幫助別人呢？可以隨手拉別人一把爲什麼不拉一下呢？這個觀念……一個互助的社會，一個地球村的時代，能夠獨善其身，自掃門前雪不管他人瓦上霜嗎？

什麼叫做功德呢？乾脆請人做法會積功德吧！如果只是在經書裡打轉，縱使看遍並且貫通了所有的宗教經典，而偏偏不去身體力行的話，那麼眞理將永遠只是眞理，一個永遠一成不變的道、一成不變的眞理。因爲不去「力行」，所以永遠不知道這個「道」、這個「眞理」在這個時空，是否眞的「行」得通，是否有必要稍微修正一下，是否眞的可以到達您所想要到達的目的地。

※桃園市某小姐

從前，曾聽過一個人很害怕「黑」，問他「如何」，他也回答不出一個「究竟」。但你問他，睡覺時，閉上雙眼，眼前是不是一般黑？那麼又爲什麼不害怕？我想，他怕的是自己！其實：

能夠解釋的，就不叫做「愛」，
能夠意料的，就不叫做「命運」，
能夠說出口的，就不叫做「悲哀」，
能夠喝醉的，就不是眞正的「醉」，而那……
喝的不是眞正的酒，而是「人生的滋味」。

伶姬作品集

如來世2：生活隨想

2005年6月初版
2011年6月初版第二刷

定價：新臺幣300元

著　　者　伶　　姬
發 行 人　林　載　爵

出　版　者	聯經出版事業股份有限公司	叢書主編	林　芳　瑜
地　　址	台北市基隆路一段180號4樓	校　　對	吳　美　滿
台北忠孝門市	台北市忠孝東路四段561號1樓		吳　淑　芳
電話	(02)27683708	封面設計	古其創意
台北新生門市	台北市新生南路三段94號		
電話	(02)23620308		
台中分公司	台中市健行路321號		
暨門市電話	(04)22371234 ext.5		
高雄辦事處	高雄市成功一路363號2樓		
電話	(07)2211234 ext.5		
郵政劃撥帳戶第0100559-3號			
郵撥電話	27683708		
印　刷　者	世和印製企業有限公司		
總　經　銷	聯合發行股份有限公司		
發　行　所	台北縣新店市寶橋路235巷6弄6號2F		
電話	(02)29178022		

行政院新聞局出版事業登記證局版臺業字第0130號

本書如有缺頁，破損，倒裝請寄回聯經忠孝門市更換。　ISBN 978-957-08-2874-0 (平裝)
聯經網址 http://www.linkingbooks.com.tw
電子信箱 e-mail:linking@udngroup.com

國家圖書館出版品預行編目資料

如來世2：生活隨想 / 伶姬著.
--初版. --臺北市：聯經，2005年
328面；14.8×21公分.（伶姬作品集）
ISBN 978-957-08-2874-0（平裝）
〔2011年6月初版第二刷〕

1.因果(佛教)-通俗作品 2.通靈術

225.87 94008789

生活視窗系列

●本書目定價若有調整，以再版新書版權頁上之定價為準●

(1)時裝・性・男女	楊慧中等譯
(3)美感經驗	陳長華著
(4)人性八惡	廖月娟等譯
(5)喝杯下午茶	孟樊著
(6)拆穿男人的謊言	邱彰著
(7)實用芳香療法	施沛琳著
(8)IQ父母EQ子女	沈怡著
(9)漂亮髮型自己做	紅造型製作
(10)我有辦法	蔣大中著
(11)放慢生活的步調	莊安祺譯
(12)後現代絕症	簡捷著
(13)兩個女孩的天堂	台北海外和平服務團
(14)愛情的危機處理	林仁和著
(15)創造你希望的愛情	沈怡著
(16)人人是英雄	羅效德譯
(18)哭泣的結婚證書	孫藝庭著
(19)台灣生死書：婚喪習俗及法律知識	劉俊麟著
(21)愛在飢餓蔓延時：台灣世界展望會救援紀事	台灣世界展望會編著
(23)天天容光煥發：女性輕鬆減壓秘招	林香君著
(24)消除生活壓力的禪	羅若萍譯
(25)顏色密碼：從顏色看性格	魏易熙譯
(26)傻人的愛，給狗	鄭　瑩著
(27)如來的小百合	伶　姬著
(28)聽心說話	釋心道著
(29)SQ：心靈智商	邱莞慧譯
(30)生命的意義	莊安祺譯
(31)他比總統先到	馮寄台著
(32)禪證	梁丹丰等講述
(33)人生經營	聖嚴法師等講述
(34)情緒的12堂課	張　文著
(35)愛情劊子手	呂健忠譯
(36)天天神采飛揚	林香君、劉俊麟著
(37)蓮花時空悲智情	伶姬著
(38)突破你的極限	徐筱春譯
(39)生命如此美好	施貞夙譯

(40)茉莉花的女兒	伶姬著
(41)大人學習法	和田秀樹著
(42)一分錢的力量	羅吉希譯
(43)愛上我的動物朋友	施雯黛譯
(44)笑納人生：養生、悠閒與精進	褚宗堯著
(45)變成魚的日子	貝谷嘉洋著
(46)鬱金香通靈屋	伶姬著
(47)勁妹起步跑	吳真儀著
(48)通靈姬婆玫瑰心	伶姬著
(49)現代異次元：十則靈療的故事	林少雯著
(50)解開愛的情結	林芳瑜譯
(51)用愛解凍	林大欽著
(52)滿天星的故事	伶姬著

人生新境

●本書目定價若有調價，以再版新書版權頁上之定價為準●

(1)缺憾的超越	李翠玲著
(2)行為的新境界——理論與應用	游伯龍著
(3)心戰——現代人的掙扎與突破	張小鳳等著
(7)相愛一生——談夫妻相處之道	梁竹君譯
(8)改變思維改變你	李普生譯
(9)富而好理	黃美姝譯
(10)生活一○一	李普生譯
(11)腳冷時別買帽子——做自己生涯的決策者	吳傑民譯
(12)拒絕的真諦	李鴻長譯
(13)邱吉爾演講術	方美玲譯
(15)給兒女的一封信	彭淮棟譯
(16)財富一○一	彭淮棟譯
(17)活出自己的如來	鄭石岩著
(18)心的挑戰	傅佩榮著
(19)四十不晚：中年追夢族的故事	李梅蘭著
(20)生活贏家：成功的118條策略	莊安祺譯
(21)情緒的管理——如何增進你的EQ	何灣嵐譯
(22)打開心中死結	鍾尚熹譯
(23)生機換生機	李秋涼口述

更詳細之簡介，請上聯經網站：http://www.linkingbooks.com.tw

聯經出版事業公司

信用卡訂購單

信 用 卡 號：□VISA CARD □MASTER CARD □聯合信用卡

訂 購 人 姓 名：＿＿＿＿＿＿＿＿＿＿＿＿＿＿＿＿

訂 購 日 期:＿＿＿＿＿年＿＿＿＿月＿＿＿＿＿日 (卡片後三碼)

信 用 卡 號：＿＿＿＿ ＿＿＿＿ ＿＿＿＿ ＿＿＿＿ ＿＿＿

信 用 卡 簽 名：＿＿＿＿＿＿＿＿＿＿(與信用卡上簽名同)

信用卡有效期限：＿＿＿＿年＿＿＿＿月

聯 絡 電 話：日(O)：＿＿＿＿＿＿夜(H)：＿＿＿＿＿＿

聯 絡 地 址：□□□ ＿＿＿＿＿＿＿＿＿＿＿＿＿＿＿

＿＿＿＿＿＿＿＿＿＿＿＿＿＿＿＿＿＿＿＿＿

訂 購 金 額：新台幣＿＿＿＿＿＿＿＿＿＿＿＿＿元整

（訂購金額 500 元以下，請加付掛號郵資 50 元）

資 訊 來 源：□網路 □報紙 □電台 □DM □朋友介紹

□其他＿＿＿＿＿＿＿＿＿＿＿＿＿＿＿

發 票：□二聯式 □三聯式

發 票 抬 頭：＿＿＿＿＿＿＿＿＿＿＿＿＿＿＿

統 一 編 號：＿＿＿＿＿＿＿＿＿＿＿＿＿＿＿

※ 如收件人或收件地址不同時，請填：

收 件 人 姓 名：＿＿＿＿＿＿＿＿＿＿＿＿ □先生 □小姐

收 件 人 地 址：＿＿＿＿＿＿＿＿＿＿＿＿＿＿＿＿＿＿

收 件 人 電 話：日(O)＿＿＿＿＿＿＿＿ 夜(H)＿＿＿＿＿＿＿

※茲訂購下列書種,帳款由本人信用卡帳戶支付

書　　名	數量	單價	合　計
		總　計	

訂購辦法填妥後

1. 直接傳真 FAX(02)27493734
2. 寄台北市忠孝東路四段 561 號 1 樓
3. 本人親筆簽名並附上卡片後三碼(95 年 8 月 1 日正式實施)

電 話：(02)27627429

聯絡人:王淑蕙小姐(約需 7 個工作天)